CHALLAMEL AINÉ, LIBRAIRE-ÉDITEUR

Commissionnaire pour la Marine, l'Algérie, les Colonies et l'Orient

5, RUE JACOB, A PARIS

———◆◇◆———

Batailles navales de la France, par O. TROUDE, ancien officier de marine, publié par P. LEVOT, conservateur de la bibliothèque du port de Brest, correspondant du ministère de l'instruction publique pour les travaux historiques, etc. 4 vol. in-8°. 28 fr.

Histoire de la ville et du port de Brest, par P. LEVOT. 5 vol. in-8° carré, 30 francs. — Chaque volume séparé, 7 fr. 50

Participation du 2e arrondissement maritime à la guerre de 1870-1871, par P. LEVOT. In-8°. 2 fr.

Brest, port militaire de la France, par EYMIN, commissaire de la marine, et DONNAUD, professeur à l'École navale. In-8°, avec un grand plan et des planches gravées sur bois. 3 fr. 75

Lorient, par J. HÉBERT, commissaire de la marine. In-8°, avec un grand plan et des planches gravées. 3 fr. 75

Rochefort, par M. BOUCHET, inspecteur-adjoint de la marine. In-8°, avec un grand plan et des planches gravées sur bois. 3 fr. 75

L'Algérie contemporaine, par Louis VIAN. In-18. 3 fr.

L'Algérie pittoresque. Descriptions, mœurs, coutumes, commerce, etc., par Clément DUVERNOIS. In-18. 3 fr.

Lectures morales et instructives du Colon algérien par E. WATBLED. In-18. 1 fr. 25

Souvenirs de l'armée d'Afrique, par E. WATBLED. In-18. 2 fr. 50

Vingt ans en Algérie, *ou tribulations d'un colon*, par VILLACROSE. In-18. 3 fr. 50

Juliette et Aïcha. Etude de mœurs franco-algérienne, par VILLACROSE. In-8°. 3 fr.

Les Mystères du peuple arabe, par Charles RICHARD. In-18. 3 fr. 50

Scènes de mœurs arabes, par Ch. RICHARD. In-18. 3 fr.

Histoire de la Martinique, par PARDON. In-8°. 6 fr.

Les premières années de la Cochinchine, colonie française, par P. VIAL. 2 vol. in-18. 6 fr.

Cochinchine française et royaume de Cambodge, par Ch. LEMIRE 2e édition, revue et augmentée ; accompagnée de cartes de la Cochinchine, du canal de Suez et d'un itinéraire de Paris à Saïgon. In-18. 4 fr.

RÉCITS

DE

NAUFRAGES, INCENDIES, TEMPÊTES

ET AUTRES ÉVÉNEMENTS DE MER

BAR-SUR-AUBE, IMP. LEBOIS ET MOREL

RÉCITS

DE

NAUFRAGES, INCENDIES, TEMPÊTES

ET

AUTRES ÉVÉNEMENTS DE MER

Par P. LEVOT

CONSERVATEUR DE LA BIBLIOTHÈQUE DU PORT DE BREST
CORRESPONDANT DU MINISTÈRE DE L'INSTRUCTION PUBLIQUE POUR
LES TRAVAUX HISTORIQUES, ETC.

2me. ÉDITION REVUE ET CONSIDÉRABLEMENT AUGMENTÉE

PARIS

CHALLAMEL AINÉ, LIBRAIRE-ÉDITEUR

5, rue Jacob, 5

ET CHEZ TOUS LES LIBRAIRES DE FRANCE ET DE L'ÉTRANGER

1878

AVANT-PROPOS

Ce recueil composé au moyen de documents, en partie inédits, en partie extraits des *Annales maritimes et coloniales*, du *Moniteur universel*, du *Moniteur de la flotte* et des journaux des ports, a, dans la pensée de son auteur, un but complexe. Si d'un côté il groupe, dans un cadre restreint, un certain nombre d'événements propres à émouvoir tout cœur sensible, et par cela même susceptibles de plaire à la généralité des lecteurs, d'un autre côté, il fournit aux jeunes gens qui se destinent à la marine des sujets de composition ou de lecture leur offrant des exemples de courage, de dévouement et d'habileté dans le choix des moyens employés pour conjurer le danger ou atténuer les malheurs qui n'avaient pu être évités, toutes choses qui leur enseigneraient à se diriger eux-mêmes dans des circonstances analogues.

Il était facile de donner une plus grande extension à ce recueil. La matière, trop malheureusement, ne manque pas ; mais l'auteur a pensé qu'il pouvait, quant à présent, se borner aux récits dont il se compose.

Quelques-uns des *Récits* compris dans la première édition (*Naufrages de l'Acis*, du *Fleuron*, du *Républicain*, de la *Brûle-Gueule*, du *Golymin* et la *Perte d'un bateau dans la rade de Brest*) ont été supprimés comme n'offrant qu'un intérêt relativement restreint. Ils ont été remplacés par les cinq derniers récits de la présente édition. Mieux appropriés à l'esprit de ce recueil, ils ont en outre l'avantage, grâce à une nouvelle disposition typographique, d'en augmenter sensiblement l'étendue.

RÉCITS

DE

NAUFRAGES, INCENDIES, TEMPÉTES

ET AUTRES ÉVÉNEMENTS DE MER

NAUFRAGE DU *SAINT-GÉRAN*

Des procès-verbaux exhumés, en 1821, de la poussière du greffe de l'île Bourbon, par M. le baron Milius, alors gouverneur de cette colonie, ont fait connaître les causes et les incidents de la perte du vaisseau *le Saint-Géran*, sur lequel Bernardin de Saint-Pierre a placé la mort si touchante de Virginie. Dieu nous garde de regretter que cet admirable peintre de la nature ait emprunté à sa palette les riches et suaves couleurs du tableau dans lequel il a encadré ce sinistre ! Sa pastorale a été et sera toujours pour ceux qui l'ont lue et la reliront, une cause d'émotion justifiée par l'attrait du sujet, le charme

1

du style et le talent avec lequel l'auteur a fondu
dans son œuvre des épisodes et des circonstances d'origines diverses, de manière à en
faire un tout homogène qui ne cesse de capti-
ver le cœur et l'esprit. « C'est ainsi, dit M. Lé-
montey (*Etude littéraire sur la partie historique
du roman de Paul et Virginie*), c'est ainsi que
l'aventure des deux enfants retrouvés par le
chien qui a flairé un de leurs vêtements était
racontée par M. de Crevecœur, dans ses *Lettres
d'un cultivateur américain*. Les deux cocotiers
qui servent de monument à la naissance de ces
deux enfants sont tirés des *Jardins* de l'abbé
Delille. La grâce de l'esclave fugitive, obtenue
de son maître irrité, avait eu lieu en Pologne
sous les yeux de M. de Saint-Pierre et par la
générosité d'une femme qu'il aimait. Ce tableau
digne de l'Albane, ce groupe riant de Paul et
Virginie se défendant ensemble de la pluie,
avait été fourni à l'auteur par l'industrie de
deux enfants du faubourg Saint-Marceau, qu'il
vit un jour opposer à une averse la jupe de l'un
d'eux arrondie en coquille sur leurs deux jolies
têtes. Les plaintes d'une éloquence si admirable
qu'il met dans la bouche de Paul, après l'embarquement de Virginie, étaient le souvenir de
sa passion, le cri de sa propre douleur, lorsqu'au
milieu des fougues de sa jeunesse, l'ordre d'une

mère vint arracher de ses bras l'amante qui lui
faisait chérir les frimas de Varsovie. Enfin, si
l'on compare les faits réunis par son biographe,
on reconnaît qu'il a déposé les affections de son
cœur jusque dans la dénomination des personnages de son roman. L'héroïne porte les deux
noms de *Virginie de la Tour*, et ces deux noms
lui rappelaient deux jeunes étrangères, ornées
de charmes, de candeur et de vertu, dont la
main lui fut offerte, et que sa mauvaise fortune
l'obligea seule de refuser : l'une était mademoiselle *La Tour*, fille du général du Bosquet, au
service de la Russie; l'autre, mademoiselle *Virginie* Taubenheim, fille d'un régisseur des
fermes à Berlin. La dénomination de *Paul*
atteste un emprunt plus singulier. C'est le nom
d'un moine franciscain, pour qui Bernardin de
Saint-Pierre, encore enfant, s'était pris d'une si
vive amitié qu'on ne put l'en séparer, et qu'il
accompagna ce pauvre frère Paul dans une
quête au travers de la Normandie, préludant
pour ainsi dire à ses courses sur les deux hé-
misphères par la bizarrerie de ce pèlerinage sé-
raphique. » Mais, objectera-t-on peut-être,
qu'importe le plus ou moins de véracité de ces
détails si celle de la partie du roman qui concerne le *Saint-Géran* est inattaquable? C'est
juste. Aussi n'aurions-nous rien à répondre si

le fait principal du naufrage n'avait pour cortége
une série de faits imaginaires, tels que le changement des personnages et de l'époque du sinistre, arrivé le 18 août, par un temps calme,
et non le 24 décembre, sous les coups
d'une horrible tempête, parce que l'auteur
avait besoin d'un ouragan pour compléter son
tableau de la nature sous les tropiques; si le
refus par le capitaine de se dépouiller de ses
vêtements n'avait été reporté à l'héroïne du
roman, pour que Bernardin de Saint-Pierre pût
tirer de cet incident la plus forte et la plus
neuve des situations de son livre, en substituant
la pudeur virginale à la délicatesse moins émou-
vante d'un vieillard, etc., etc. Si la vérité historique a moins de chances de plaire, c'est peut-
être une raison de plus pour qu'elle ne déserte
ni ses droits ni ses devoirs; ses droits, parce
qu'elle ne saurait les laisser usurper, même par
le génie; ses devoirs, parce que la revendica-
tion de la vérité est d'autant plus impérieuse-
ment commandée que celui qui l'a altérée exerce
plus de prestige. C'est sous l'influence de ces
sentiments, que nous allons exposer, dans toute
leur simplicité, les circonstances du naufrage du
Saint-Géran, telles que les font connaître les
documents authentiques insérés dans les *Annales
maritimes et coloniales de* 1822, 2ᵉ partie,

pages 159-175. La stricte réalité est assez navrante pour qu'on n'ait besoin d'y rien ajouter.

Le *Saint-Géran*, vaisseau de la Compagnie des Indes, du port de 7 à 800 tonneaux, partit de Lorient le 24 mars 1744 ; il avait un nombreux équipage, et pour officiers MM. Delamare, capitaine ; Malles, premier lieutenant ; de Péramont, deuxième lieutenant ; Longchamps de Montendre, premier enseigne ; Lair, deuxième enseigne, et le chevalier Boette, enseigne surnuméraire. A son arrivée à Gorée, vingt-deux jours après, le vaisseau y embarqua vingt nègres et dix négresses, tant Yolofs que Bambaras. Un jeune homme, nommé Belleval, se disant chirurgien, déserta la colonie dont il redoutait le climat et s'embarqua furtivement. La navigation fut longue et périlleuse. Dix hommes étaient morts et une centaine environ gisaient sur les cadres, incapables de tout service, lorsque le bâtiment se trouva, le 17 août, à 6 lieues de l'Ile-de-France, et reconnut les petites îles qui en signalent les abords. Le ciel était serein, le soir approchait. Les officiers délibérèrent sur ce qu'il y avait lieu de faire. Le capitaine fut d'avis de profiter du beau clair de lune pour dépasser les îles et mouiller à la grande terre, à l'endroit appelé le *Tombeau*. Mais M. Malles combattit cette opinion, en objectant que, si l'on mouillait à l'endroit indiqué, il ne resterait pas assez de monde à bord pour lever les ancres, attendu le grand nombre des malades. Alain Ambroise, premier bosseman (officier marinier chargé de la manœuvre), prit alors la parole, et s'adressant à M. Malles : « Monsieur, lui dit-il, j'ai été onze mois patron de chaloupe dans ce pays, et je sais comment on s'y manie ; lorsque vous serez mouillé au *Tombeau*, vous n'avez qu'à tirer un coup de canon, et vous aurez aussitôt tous les bateaux et tous les gens du port à votre bord ; si ensuite vous avez besoin de mille hommes, vous les aurez peu de temps après ; d'ailleurs vous pourriez filer vos câbles, les ancres seraient sur un bon fond, et il serait fort aisé de les ravoir. » Impatienté, M. Malles lui répondit : « Taisez-vous, je connais la côte mieux que vous », et il accompagna cette réplique de deux soufflets. Le capitaine finit par dire à ses officiers : « Vous êtes plus pratiques que moi ; il y a vingt ans que je ne suis venu ici, mes idées se sont effacées, prenez la conduite du vaisseau. » Il fut arrêté qu'on passerait la nuit à la cape sous la grande voile.

M. Longchamps de Montendre, qui fit le quart jusqu'à minuit, gouverna assez bien par les conseils du premier bosseman ; mais M. Lair, qui lui succéda, bien qu'averti, à deux reprises, par les matelots Tassel et Bienvenne, qu'il approchait trop de terre, n'en tint aucun compte. Vers 2ʰ 1/2, M. Malles monta sur le pont et fit chercher le capitaine. Tous deux se félicitaient de la beauté du temps et sur l'assurance du second pilote qu'on faisait bonne route, M. Delamare répéta : « *Nous faisons bonne route.* » Le timonier changea aussitôt la barre, et l'on allait laisser tomber le point de la grande voile, lorsqu'on entendit une voix crier, à plusieurs reprises, du gaillard d'avant : *Terre !* Presque aussitôt, une lame prenant le vaisseau par le travers, le jeta sur un brisant avec une telle violence, qu'un craquement épouvantable se fit immédiatement entendre et ne laissa aucun doute sur la perte prochaine du *Saint-Géran*. Sa position sur le flanc menaçait de le faire chavirer sous le poids de sa mâture. On ne pouvait s'y tenir debout qu'en s'accrochant au gréement. Cette situation désespérée empira encore par l'inégalité du récif sur lequel le navire était échoué ; la quille se rompit, et les deux extrémités du vaisseau se soulevèrent, position qui ne permettait ni de lui faire faire le plus léger mouvement sous peine d'en hâter la perte, ni de tirer le canon pour appeler du secours.

Dès le premier choc, M. Delamare avait fait sonner la cloche, et en un clin d'œil, officiers,

matelots et passagers avaient encombré le pont
et les gaillards. Les caliornes et les candelettes
furent parées pour mettre les canots à la mer;
mais, comme il y avait peu de monde en état
de monter aux hunes, cette manœuvre se fit
mal et lentement. Le navire commençant à donner la bande, « Nous allons chavirer, » s'écria
M. Delamare. Il fit appeler alors le maître charpentier qui, sur son ordre, coupa le grand mât
à coups de hache. En tombant à tribord, ce
mât entraîna avec lui le mât d'artimon qui se
cassa à quinze ou seize pieds au-dessus du
gaillard d'arrière. M. Delamarre prescrivit ensuite de mettre la yole dehors, à bras; mais,
le monde manquant à la manœuvre, elle tomba
sur le pont. Cependant le navire donnait de
plus en plus la bande, ce qui suggéra à M.
Malles l'idée, favorablement accueillie par le
commandant, de couper le mât de misaine.
Les charpentiers, après l'avoir abattu à tribord,
revinrent sur le gaillard d'arrière où ils apportèrent des planches afin d'en faire un ras; les
mâts de la chaloupe et un espar furent aussi
apportés pour qu'on assemblât le tout; mais
tout le monde était si troublé qu'on ne pouvait
venir à bout de faire travailler personne. « Mes
enfants, dit alors M. Malles aux hommes de
l'équipage, tâchons de chavirer le canot, afin de

parer la chaloupe pour qu'elle vienne à flot lorsque le vaisseau s'ouvrira et que l'on puisse du moins sauver quelques personnes. » Tous ceux qui étaient en état d'agir se mirent à la manœuvre; le canot fut bien chaviré en dehors de la chaloupe, mais, en tombant, il en brisa le côté de tribord, et se brisa lui-même. *Miséricorde!* tel fut le cri qui s'échappa de toutes les bouches à la vue des canots défoncés et brisés. On se rangea au vent du navire, et quand il commença à paraître, on chanta l'*Ave maris stella* et le *Salve Regina cœli*. sur la demande de M. Malles, qui pria ensuite l'aumônier de faire des vœux à sainte Anne d'Auray. Ces vœux ayant été faits, l'aumônier donna la bénédiction et l'absolution générale à tous les assistants agenouillés comme lui. « Si j'ai offensé quelqu'un, ajouta M. Malles, je lui en demande pardon. »

Cependant le premier bosseman était parvenu à faire un ras avec une vergue de hune et des bouts-dehors qui étaient dans les grands portehaubans. Plus de soixante personnes s'y précipitèrent avec un empressement et un désordre qui le firent chavirer. Toutes furent englouties. Ce fut alors parmi ceux qui restaient à bord un *sauve qui peut* général. Le boulanger se jeta le premier à la mer, avec un paquet sur le dos;

il se noya presque immédiatement. Le bosseman Tassel lui succéda. Tout le monde prêtait
une attention anxieuse à ce qu'il deviendrait
pour faire comme lui, en cas de succès. Il fut
bientôt paré des lames et en dehors des brisants. Encouragés par son exemple, le pilotin
Janvrin et le canonnier Verger, qui voyaient
venir un grain et craignaient que la mer ne de-
vînt plus mauvaise, s'élancèrent à l'eau et se
placèrent sur une planche qu'ils parvinrent à
saisir. Bien qu'excellents nageurs, ils furent,
cinq heures durant, entre la vie et la mort. Ils
atteignirent enfin, sains et saufs, l'île d'Ambre.
Un passager nommé Dromat (1), de Saumur,
qui allait remplir les fonctions de commandeur
sur une habitation de Bourbon, voyant tout le
monde se jeter à l'eau, et ne sachant pas nager,
ne savait quel parti prendre. Apercevant dans
les porte-haubans trois avirons de chaloupe, il
les lia avec l'aide d'un matelot et d'un gabier
qui s'y placèrent avec lui. Ils avaient à peine
dépassé la poupe du vaisseau, qu'une forte lame
fit lâcher prise au gabier qui s'accrocha aux

---

(1) Cet individu était endormi au moment où le *Saint-Géran*
échoua. Dans sa déposition devant le juge de Bourbon, il ne dit rien
des circonstances du naufrage; mais, en revanche, il eut la lâcheté et
l'impudeur de dénoncer, comme impie et blasphémateur, un passager
qui n'avait pas eu le bonheur d'échapper, comme lui, au sinistre.

cheveux de Dromat. Ce dernier se tint si ferme
sur les avirons, qu'une poignée de ses cheveux
resta entre les mains du gabier qui ne tarda pas
à disparaître. Dromat et son compagnon, après
avoir été longtemps ballottés par les lames,
furent enfin poussés jusqu'à l'île d'Ambre, où
le matelot succomba presque en arrivant.

Pendant que ces faits se passaient, le pont et
les gaillards du *Saint-Géran* étaient le théâtre
de scènes non moins émouvantes. M. Belleval
poussait des cris lamentables. Les autres passagers étaient plus calmes et plus résignés. Sur
le gaillard d'arrière on voyait Mlle Mallet, avec
le second lieutenant M. de Péramont, qui ne
l'abandonna pas, et sur le gaillard d'avant,
Mlle Caillou, avec trois autres passagers, MM.
Villarmois, Gresle, Guiné, et l'enseigne Longchamps de Montendre qui, descendu le long
du bord pour se jeter à la mer, remonta presque aussitôt afin de déterminer Mlle Caillou à
se sauver, ce qu'il ne semble pas qu'elle ait
essayé.

Cependant le capitaine Delamare et le lieutenant Malles étaient toujours à bord. S'adressant
à Edme Caret, son patron de chaloupe, qui
était assis et examinait attentivement ce qui se
passait, M. Delamare lui demanda ce qu'il
comptait faire. « Je vais, répondit Caret, cher-

cher une planche ou quelques morceaux de bois pour me sauver. » Il alla, en effet, chercher la planche de la chaloupe, et, d'après les conseils de M. Delamare, il mit deux estropes aux extrémités de la planche. Pendant qu'il faisait cette opération, le capitaine descendit dans sa chambre, et après avoir causé quelques instants avec M. Malles, il revint vers Caret qui lui dit : « Monsieur, quittez votre veste et votre culotte, vous vous sauverez plus aisément. » M. Delamare n'y voulut pas consentir, alléguant pour motif qu'il ne conviendrait pas à sa position d'arriver à terre dans un tel état de nudité, et qu'il avait d'ailleurs dans sa poche des papiers dont il ne voulait pas se séparer. « Jetterai-je la planche, dit encore Caret? — Oui, répliqua M. Delamare », qui l'enfourcha aussitôt. Saisissant une des estropes et traînant la planche après lui, le patron se mit à nager; mais une lame lui poussa bientôt la planche dans la poitrine et le rejeta à plus de quinze pieds. Parvenu à ressaisir la planche, il continua de la haler après lui, franchit heureusement les brisants, et se trouva avec son capitaine sur un fond où ils avaient pied et de l'eau jusqu'à la ceinture seulement. Là ils trouvèrent sur un ras formé d'une vergue et d'un espar, huit ou dix personnes du nombre desquelles étaient

M. Lair et Hector, noir libre, domestique de
M. Delamare. Hector, apercevant son maître,
lui cria : « Venez avec nous, vous serez mieux
que sur votre planche. » M. Delamare et son
patron suivirent ce conseil ; mais Caret, voyant
que le ras était trop chargé, regagna sa planche,
et un instant après, le ras, entraîné par un fort
courant, revint vers lui. Il se sentit lui-même
ramené, malgré tous ses efforts, dans les lames,
par un courant semblable, et il perdit même sa
planche. La mer déferlant avec fureur en cet
endroit, il fut obligé de plonger, à plusieurs
reprises, et de s'accrocher dans le fond aux rochers pour n'être ni accablé par le poids énorme
de la lame ni brisé par les épaves qu'elle roulait
avec violence. A sa rentrée dans les lames, il
y avait plus de vingt personnes autour de lui,
et M. Delamare était sur un ras ; mais, lorsqu'il
plongea la première fois pour éviter les pièces
de bois qui flottaient, il n'aperçut personne en
revenant à la surface, et c'est alors que M. Delamare dut périr avec ceux qui l'entouraient.
Enfin, après des efforts inouïs, Caret, hors des
lames, mais épuisé par la fatigue, trouva à propos une jumelle sur laquelle il se plaça, et parvint, après avoir couru maints nouveaux dangers, à gagner un endroit où il avait pied. Il se
reposa et prolongea les récifs en poussant peu

à peu sa jumelle devant lui afin de ne plus s'en-
gager dans les courants et les lits de marée
qui avaient failli le faire périr. Les deux matelots Le Guain et Le Page, ainsi que le premier
bosseman Ambroise, parvinrent, comme lui, et
au prix des mêmes dangers, à atteindre l'île
d'Ambre.

On n'a jamais su combien de victimes succombèrent dans cette déplorable catastrophe;
mais, à en juger par le nombre des malades
qu'il y avait à bord (cent environ), celui des
morts dut être considérable. Douze personnes
seulement abordèrent à l'île d'Ambre, et encore
trois d'entre elles moururent-elles en touchant
la terre. Les neuf survivants étaient les deux
bossemans Ambroise et Tassel, le charpentier
Le Guain, le patron Caret, les matelots Chardrou
et Le Pays, le pilotin Janvrin, l'adjudant canonnier Pierre Verger et le passager Dromat.
Pendant deux jours ils errèrent sur la plage,
espérant qu'ils y seraient rejoints par quelques-
uns de leurs compagnons d'infortune. Cet espoir étant déçu, Ambroise, Tassel et Chardrou
gagnèrent la terre sur la jumelle. Aussitôt qu'ils
furent arrivés à un poste de chasseurs, à la
mare des Flamands, une chaloupe portant quelques soldats, du riz et de la viande de cerf,
vint recueillir leurs six compagnons presque

mourants. A leur arrivée au Port-Louis, les
neuf naufragés firent devant M. Herbault, con-
seiller au conseil supérieur de l'Ile-de-France,
les dépositions dont nous venons de présenter
la substance.

COMBAT ET NAUFRAGE

VAISSEAU *LES DROITS DE L'HOMME*

———

Le vaisseau de 74 canons *les Droits de l'Homme*, dont l'existence devait être si courte — moins de trois ans — avait été lancé à Brest, le 29 mai 1794. L'opération du lancement, faite avec un plein succès, avait néanmoins été attristée par un bien fâcheux événement, la rupture d'un des câbles de retenue qui avait tué roide un aide chef charpentier et blessé six ouvriers que la curiosité avait portés à trop s'approcher du vaisseau. Le premier avait été atteint pendant qu'il voulait faire s'éloigner les ouvriers auxquels il remontrait le danger qu'ils couraient.

Ce vaisseau faisait partie, au mois de décembre 1796, sous les ordres du chef de division Lacrosse, de l'armée navale qui portait

des troupes expéditionnaires en Irlande, et dont
le commandement supérieur était confié au vice-
amiral Morard de Galle. Il était alors armé de
28 canons de 36, de 30 de 24, de 16 de 8 et de
14 caronades de 36, en tout 78 bouches à feu.
Son équipage était de six cent cinquante
hommes, et il portait cinq cent quatre-vingts
soldats de la légion des Francs, ainsi que le général de brigade Humbert, son aide de camp,
le lieutenant Collet, le chef d'escadron Corbi-
neau, plus tard général, et les capitaines Re-
gnier, Le Vallois, Bodin et Bigarré, ce dernier
également devenu plus tard général de division. Séparé de l'armée navale lorsqu'elle fran-
chissait le goulet de Brest, le 16 décembre 1796,
le vaisseau *les Droits de l'Homme* gagna pourtant le rendez-vous assigné dans la baie de Ban-
try, où il passa quatre jours au mouillage. Après
avoir croisé huit jours en vue du cap Loop,
il fit route pour la France, le 7 janvier 1797,
ramenant avec lui cinquante prisonniers qu'il
avait faits sur les côtes d'Irlande. Le projet du
commandant Lacrosse était d'atterrir sur Belle-
Ile. Le 13, au matin, le vaisseau était à 75 milles
des Penmarks, par une brume très épaisse et
un vent variable du O.-N.-O au O.-S.-O, soufflant bon frais. Le capitaine Lacrosse ne voulut
pas attaquer la terre par un temps semblable,

et il serra le vent, tribord amures. A une heure
de l'après-midi, une voile, puis bientôt une se-
code furent aperçues au vent ; le capitaine
Lacrosse fit arriver de quatre quarts et ensuite
de deux autres, ce qui mettait la route à l'E.-S.-E.
Deux heures plus tard, les capitaines Bigarré et
Grando, qui étaient dans la grande hune, si-
gnalèrent quatre nouveaux bâtiments sous le
vent ; ils couraient bâbord amures, et leur route
coupait celle du vaisseau français ; celui-ci avait
alors une vitesse de onze nœuds. A $4^h 15^m$, les
bras du grand hunier cassèrent, et presque en
même temps le grand et le petit mât de hune
s'abattirent. Celui des bâtiments aperçus, qui
était le plus rapproché, était le vaisseau rasé
anglais *Indefatigable*, capitaine sir Edward
Pellew, portant 56 bouches à feu, savoir : 26
canons de 24, 12 de 12 et 18 caronades de 42.
A peine une portée de canon le séparait-il des
Droits de l'Homme. Il rentra ses bonnettes, serra
ses perroquets, cargua ses basses voiles et mit
en travers pour prendre des ris, indiquant ainsi
qu'il se mettait en mesure de parer à toute éven-
tualité, plutôt qu'il ne cherchait à tirer avantage de l'encombrement occasionné par la chute
des mâts du vaisseau français. Le capitaine
Lacrosse profita de ce répit pour couper tout ce
qui retenait les débris de sa mâture le long du

bord. Un quart d'heure après, et avant que
l'Anglais eût terminé sa manœuvre, il était dé-
barrassé de ces entraves et continuait sa route,
filant encore cinq nœuds sous les deux basses
voiles et le perroquet de fougue. Le capitaine
Pellew reprit sa poursuite dès qu'il eût terminé
son opération, et à 5^h 15^m, il envoya une volée
dans la hanche de tribord du vaisseau français
en venant un peu sur ce bord. Celui-ci imita cette
manœuvre, et lui riposta par une bordée de sa
batterie haute et de celle des gaillards. Un peu
plus appuyé sous cette nouvelle allure, le capitaine Lacrosse voulut faire ouvrir la batterie
basse que l'état de la mer obligeait de tenir
fermée; il fallut y renoncer, la mer entrant à
pleins sabords. L'*Indefatigable* essaya alors de
passer sur l'avant des *Droits de l'Homme*; mais
prompt à prévoir les intentions de son adversaire, le capitaine Lacrosse évita une bordée
d'enfilade au moyen d'une légère arrivée. Le
capitaine anglais revint de suite au vent, et il
reçut de l'arrière la bordée qu'il projetait lui-
même d'envoyer. Le combat continua dans diverses positions, et presque vent arrière, jusqu'à
6^h 45^m. Un nouvel adversaire, la frégate de 44
canons, *Amazon* (26 de 18, 10 de 9 et 8 caronades de 32), capitaine Robert Raynolds, se
présenta et vint prudemment se placer derrière

le vaisseau français, qu'elle canonna impunément dans cette position jusqu'à ce que le capitaine Lacrosse eût réussi à mettre ses deux
adversaires par son travers. Quoi qu'on ne pût
faire usage des canons de la batterie basse, le
feu des *Droits de l'Homme* fut si bien nourri,
qu'à 7^h 30^m les deux Anglais se retirèrent.

Quelque besoin de repos qu'eussent les équipages qui combattaient depuis plus de deux
heures, ils durent travailler à réparer les avaries
de leurs bâtiments, et ils le firent avec une activité qui témoignait de leur impatience de terminer la lutte. Le feu recommença à 8^h 30^m. Libres
de leurs mouvements, l'*Amazon* et l'*Indefatigable* se placèrent de l'avant et de l'arrière des
Droits de l'Homme, et, passant alternativement
d'un bord et de l'autre du vaisseau français, ils
lui envoyèrent chaque fois des bordées désastreuses auxquelles il ne pouvait riposter qu'en
faisant de très grandes embardées. L'étai de son
mât d'artimon ayant été coupé, les secousses
que ce mât éprouvait dans les moments de tangage firent craindre sa chute prochaine, chute
qui, si elle avait eu lieu sur le pont, pouvait
avoir les conséquences les plus fâcheuses. Aussi
le capitaine Lacrosse n'hésita-t-il pas à en faire
le sacrifice ; les haubans de bâbord furent coupés, et ce mât ne tarda pas à s'abattre sur le

bord opposé. Le vaisseau rasé et la frégate changèrent de position, et se tinrent par les hanches des *Droits de l'Homme*. Le capitaine Lacrosse, qui n'avait plus de mitraille à leur envoyer, fit charger ses canons à obus. L'ennemi n'osa plus alors combattre de si près. Les deux basses voiles du vaisseau français étaient hachées, et la misaine seule tenait amurée. Le feu continuait cependant avec la même ardeur, bien que trois des pièces des *Droits de l'Homme* eussent été démontées à tribord. Il était une heure du matin, quand le lieutenant de vaisseau Chatelin, officier de manœuvre, reçut dans le bras un biscaïen qui obligea de le descendre au poste ; il fut remplacé par le lieutenant Descormiers, commandant de la première batterie dont on venait de tenter, mais inutilement, de faire usage. Une heure plus tard, le capitaine Lacrosse, alors occupé avec son maître d'équipage Tonnerre à examiner la frégate ennemie, fut atteint au genou gauche par un boulet mort qui le renversa sur le pont. Pendant qu'on le transportait au poste des chirurgiens, il donna à son équipage l'assurance qu'on n'amènerait pas. « Non jamais, capitaine ; soyez-en sûr », lui fut-il répondu d'un cri unanime. Le capitaine de frégate Prévost de la Croix, qui venait de le remplacer, lui donna la même assurance. A

6ʰ 15ᵐ, la terre fut aperçue de l'avant, à petite distance ; le vaisseau *les Droits de l'Homme* courait perpendiculairement à sa direction sous les lambeaux de ses basses voiles, dont les amures et les écoutes étaient coupées depuis longtemps. La vue de la côte mit fin à la lutte ; les bâtiments ennemis tinrent le vent. Leur position, en effet, sans être aussi critique que celle du vaisseau français, n'était pourtant pas sans dangers, car ils avaient de nombreuses avaries. Quant à la situation des *Droits de l'Homme*, elle était désespérée. Ses deux bas mâts, hachés et transpercés, étaient incapables de tenir aucune voile. Le capitaine Lacrosse, qui s'était fait porter sur le pont, fit carguer et ramasser les lambeaux de sa voilure qui existaient encore, car, bien que réduits à une surface très minime, ils ne laissaient pas de beaucoup fatiguer les deux bas mâts par leurs secousses réitérées. Malgré cette précaution, le mât de misaine et le mât de beaupré ne purent supporter l'effort combiné du vent et de la mer ; ils tombèrent tous les deux en même temps. Déjà la route avait été donnée au S.-S.-O., afin d'élonger la terre ; mais entraîné en dérive, le vaisseau se trouva bientôt par douze brasses, et il mouilla sur un grelin une des deux ancres qui lui restaient ; tous les câbles avaient été coupés par les boulets ; l'autre ancre était engagée. Cette ancre ne tint pas ; le vaisseau cula, toucha et vint de suite en travers. Le grelin fut coupé. Évitant alors l'avant à terre, le vaisseau s'enfonça dans le sable. Au second coup de talon, le grand mât s'abattit. Les canons des gaillards et ceux de seconde batterie furent jetés à la mer.

Là ne devaient pas se terminer les fatigues des braves qui, depuis douze heures, soutenaient l'honneur du pavillon. Ils allaient avoir désormais un rude combat à livrer aux éléments. Il était 7 heures du matin, le 14 janvier 1797, lorsque le vaisseau *les Droits de l'Homme* s'échoua dans la baie d'Audierne, vis-à-vis du village de Plozévet. Les embarcations légères furent mises à la mer ; mais emportées immédiatement, elles allèrent se briser à la plage. Trois heures après son échouage, le vaisseau, couvert par les lames qui déferlaient avec violence contre son arrière, était rempli par la mer, ce qui fit manquer complètement de vivres et d'eau potable. On voulut se servir de radeaux pour débarquer l'équipage ; ils étaient emportés aussitôt que jetés à la mer. Le 15, le temps se calma un peu ; quelques hommes purent atteindre le rivage dans le grand canot. Le lendemain, on parvint à mettre la chaloupe à la mer à l'aide de deux

tronçons de mâts. Cette pénible opération avait
pour but de sauver les blessés, deux femmes
et six enfants faits prisonniers sur le bâtiment
anglais la *Calypso*. Ils furent embarqués avant
que la chaloupe fût entièrement à l'eau. Tout
étant disposé, on amena les caliornes. Au même
instant, malgré les prières des officiers du vaisseau et de la légion des Francs, soixante à
quatre-vingts hommes s'élancent dans la chaloupe ; un lame la soulève, la porte avec violence contre le vaisseau, le côté se brise, et à
l'exception de quelques hommes, tous ceux
qu'elle contient sont engloutis. De ce nombre
étaient le lieutenant Chatelin, les enseignes
Joubert et Muler, et le maître d'équipage Tonnerre, tous blessés. Quel spectacle ! Et ce n'était
pourtant pas le dernier que devait offrir ce long
et sinistre drame. Les vents d'ouest, qui ne ces-
saient de régner depuis le moment où le vaisseau avait échoué, continuèrent pendant toute
la journée du 16 et une partie de la nuit ; ils
rendirent impossible l'envoi de tout secours de
terre. Mais fort heureusement, vers la fin de la
nuit, ils passèrent à l'est, et au point du jour,
cinq embarcations arrivèrent d'Audierne sous
la conduite d'un officier de l'*Arrogante*, canon-
nière commandée par l'enseigne de vaisseau
Provost; on y embarqua cent hommes et le reste

des blessés. Dans l'après-midi, le côtre *l'Ai-guille*, capitaine Lahalle, accosta les *Droits de l'Homme*, et, avec l'aide des embarcations, il put mettre à terre, avant la nuit, deux cent cinquante hommes d'équipage. C'était à qui se précipiterait dans ces embarcations pour se soustraire aux horreurs d'une mort que la faim et la soif rendaient inévitable. Quand le côtre et le bateau pêcheur s'éloignèrent, à 4 heures de l'après-midi, il restait encore à bord avec le capitaine Lacrosse, son second le capitaine Prévost de la Croix, l'enseigne de vaisseau Héloin, le capitaine d'artillerie Bourlot et quatre cents hommes exténués, comme eux, de fatigue et de besoin. On avait bien envoyé de terre vingt bouteilles d'eau, et ce secours avait rendu la vie à quelques individus près de succomber. Mais qu'était-ce pour tant d'hommes ? Comme ils étaient mouillés, et que la nuit devint très froide, la fièvre et le délire s'emparèrent d'un grand nombre d'entre eux, et soixante expirèrent dans les plus atroces convulsions.

Des douze cent quatre-vingts hommes qu'il y avait à bord, y compris cinquante prisonniers, cent trois avaient été tués dans le combat. Au moment de l'échouage, il en restait conséquemment onze cent soixante-dix-sept, dont cent cinquante-sept blessés. Sur ces onze cent soixante-dix-sept, neuf cent soixante purent être sauvés, d'où il suit que deux cent dix-sept périrent dans le naufrage.

Les prisonniers anglais avaient concouru à sauver l'équipage et les troupes expéditionnaires. Le Directoire, sur le compte que le ministre de la marine rendit de leur conduite, décida, le 26 janvier 1797, qu'ils seraient immédiatement reconduits en Angleterre sur un bâtiment parlementaire, et le 30 du même mois, il indemnisa deux de leurs officiers de la perte de leurs effets.

Vinrent ensuite les justes récompenses décernées aux officiers des *Droits de l'Homme*. Ceux qui survivaient obtinrent de l'avancement à compter du jour du combat. Le capitaine de frégate Prévost de la Croix fut promu capitaine de vaisseau ; le lieutenant de vaisseau Descormiers fut fait capitaine de frégate ; les enseignes Delcambre, Héloin et Panisson obtinrent le grade de lieutenant de vaisseau ; l'enseigne non entretenu Léonce fut fait entretenu, et l'aspirant Bastate, enseigne.

Traduit devant un conseil martial pour rendre compte de sa conduite pendant le combat et le naufrage, le capitaine Lacrosse fut acquitté, à l'unanimité, le 13 février 1797, et promu contre-amiral le 20 mai suivant.

L'*Indefatigable* avait été assez heureux pour se relever de la côte ; mais l'*Amazon* avait eu le même sort que le vaisseau français ; elle s'était échouée une demi-heure avant les *Droits de l'Homme*, démâtée de son petit mât de hune et le côté criblé ; mais elle n'avait perdu que six hommes.

Sur la côte de Plozévet on peut voir une de ces pierres druidiques nommées *Menhir*, si communes encore dans l'ancienne basse Bretagne. Sur une de ses faces on lit l'inscription suivante : « Autour de cette pierre sont inhumés environ six cents naufragés du vaisseau *les Droits de l'Homme*, brisé par la tempête, le 14 janvier 1797. Le major Pipon, de Jersey, miraculeusement échappé à ce désastre, est revenu sur cette plage en 1840 et, dûment autorisé, a fait graver sur cette pierre ce durable témoignage de sa reconnaissance :

« A DEO VITA »

« SPES IN DEO. »

Le major Pipon, alors lieutenant, était un des prisonniers des *Droits de l'Homme*.

En faisant récemment hommage à la ville de Brest de plusieurs armes d'honneur offertes, en diverses circonstances, à feu M. le baron Lacrosse, sénateur, sa veuve y a joint une glorieuse épave du vaisseau *les Droits de l'Homme* consistant en un fragment du tableau contenant une partie de l'inscription qu'il renfermait.

NAUFRAGE DE LA FRÉGATE *LA MÉDUSE*

Le Sénégal ayant été restitué à la France par les traités de 1815, une expédition fut organisée l'année suivante pour en reprendre possession. Elle se composait de quatre bâtiments : la frégate *la Méduse*, la corvette *l'Echo*, la flûte *la Loire* et le brig *l'Argus*, portant, indépendamment des équipages et des soldats envoyés dans la colonie, trois cent soixante-cinq passagers, dont trente étaient spécialement chargés de rechercher au cap Vert ou dans les environs un lieu propre à l'établissement d'une colonie. Le commandement supérieur de la division fut confié à M. Hugues Duroys de Chaumareys, capitaine de la *Méduse*. C'est à l'inexpérience et à l'impéritie de cet officier supérieur, qui avait passé en Angleterre tout le temps de l'émigration et avait échappé, comme par miracle, au désastre de Quiberon, qu'on doit attribuer tous les malheurs de l'expédition.

L'expédition partit de la rade de l'île d'Aix le 17 juin 1816, à 7 heures du matin. Le 21 ou le 22, on doubla le cap Finistère, et peu après (triste présage !) un mousse de la *Méduse*, âgé de quinze ans, tomba à la mer et se noya, malgré les efforts que l'on fit pour le sauver. Le 28, la *Méduse*, qui marchait mieux que ses conserves, aperçut Madère et Porto-Santo. Le 1er juillet, elle reconnut le cap Bojador ; et presque aussitôt, pendant que l'équipage s'amusait aux burlesques cérémonies du baptême marin et à la distribution des dragées du bonhomme tropique, la frégate courait à sa perte, entraînée par les courants qui, quelques heures plus tôt, auraient pu facilement être évités. La gaîté la plus folâtre fit bientôt place au sérieux qu'accompagne la possibilité de grands dangers. Divers indices avaient annoncé qu'on naviguait sur de hauts fonds ; on n'avançait plus que la sonde à la main. L'inquiétude redoubla lorsqu'on sut que la sonde ne donnait plus que 18 brasses de profondeur ; on amena de suite les voiles : la sonde fut lancée de nouveau et ne donna plus que 6 brasses. L'effroi s'empare alors de toutes les âmes. Le capitaine ordonne, en toute hâte, de serrer le vent au plus près ; il n'est plus temps. La frégate, en loffant, donne presque aussitôt un coup de talon; elle court encore un moment, en donne un second, enfin un troisième, et s'arrête. La sonde n'accusait plus que $5^m 05$ d'eau. C'était l'instant de la pleine mer, et l'on était sur le banc d'Arguin, par 19° 53' 42" de latitude et 19° 20' 35" de longitude. Consternés, tous ceux qui étaient à bord restèrent quelques moments immobiles et pétrifiés, tels que l'antiquité nous dépeint ceux qu'avait terrifiés l'aspect soudain de la terrible Gorgone, dont la frégate qu'ils montaient portait le nom. A ce calme de la terreur succédèrent les reproches, les dissensions, puis le désespoir. On ne put s'accorder sur les mesures à prendre dans un si grand danger. Pendant trois jours, on fit de vains efforts pour remettre la frégate à flot. Enfin, le 5 au matin, l'eau ayant envahi la cale, et les pompes ne pouvant plus franchir, l'évacuation la plus prompte fut décidée. Mais, comme les embarcations du bord ne suffisaient pas au transport de plus de quatre cents personnes, on construisit un grand radeau de 20 mètres de longueur sur 7 mètres de largeur, avec les mâts, les vergues, etc., de la frégate. On retira des soutes du biscuit, du vin et de l'eau-de-vie que l'on déposa dans les diverses embarcations. Mais l'étourderie et la confusion présidèrent à ces distributions. Le radeau seul eut du vin en assez grande quantité, mais pas une miette de biscuit.

Le grand canot reçut trente-cinq personnes, parmi lesquelles se trouvaient le colonel Schmalz, gouverneur du Sénégal, et toute sa famille. Le canot major se chargea de quarante-deux personnes, celui du commandant de vingt-huit. Sur la chaloupe, bien qu'elle fût en mauvais état, s'embarquèrent les hommes de l'équipage, au nombre de quatre-vingt-huit. Un canot de huit avirons, dit du Sénégal, parce qu'il était destiné à rester dans le pays, fut monté par vingt-cinq personnes ; enfin on en mit quinze autres dans une yole. Parmi elles se trouvait, avec toute sa famille, M. Picard, qui avait été longtemps secrétaire de l'administration de la colonie. Le grand radeau se trouva chargé de cent cinquante-deux personnes ; dix-sept ne voulurent pas s'embarquer et restèrent sur la frégate quoi qu'elle fût dépourvue de mâts et abattue sur la hanche de bâbord. On partit. Le radeau, commandé par l'élève de première classe Coudin, était remorqué par trois canots, le grand, le major et celui du Sénégal ; mais deux de cès embarcations larguèrent successivement les amarres qui les tenaient au canot major, et s'en séparèrent. Le radeau ne se trouvait donc plus remorqué que par ce dernier ; l'amarre cassa ou, d'après les historiens du naufrage, elle fut coupée par l'ordre de ceux qui conduisaient le canot, et qui voyaient avec peine qu'il les entraînait trop en dérive. Ainsi cent cinquante hommes furent abandonnés au milieu de l'océan sans espoir de secours. Deux des embarcations gagnèrent le Sénégal sans accident ; ce furent celles que montaient le gouverneur et le commandant de la *Méduse*. Elles accostèrent le 9, vers 10 heures du soir, la corvette *l'Écho*, mouillée depuis plusieurs jours sur la rade de Saint-Louis. Un conseil fut tenu sur-le-champ, et l'on y arrêta les mesures propres à porter secours aux naufragés qui n'avaient pas rallié.

Le 6 juillet, la chaloupe, qui n'avait pu marcher aussi vite que les canots du gouverneur et du commandant, s'était trouvée si près de la côte, qu'une partie des hommes qui la montaient manifestèrent le désir de débarquer plutôt que de continuer une si dangereuse navigation. On mit donc à terre soixante-trois des plus décidés, auxquels on donna des armes et le plus de biscuit que l'on put. Leur débarquement eut lieu dans le nord du cap Mirick, à 90 lieues de l'île Saint-Louis. La chaloupe prit ensuite le large et, une heure après, elle rejoignit les autres embarcations ; mais le 8, l'équipage, tourmenté par la soif, se décida à faire côte et à débarquer. Le canot major et celui du Sénégal avaient été aussi forcés de prendre ce parti, et ils furent imités par un autre canot qui avait suivi de près la chaloupe, et par la yole dans laquelle se trouvait M. Picard. On était alors à 40 lieues de l'île Saint-Louis. Tous ceux qui faisaient partie de ces diverses embarcations formèrent une petite caravane qui se mit en route pour le Sénégal. En traversant le désert, ils eurent beaucoup à souffrir de la fatigue, de la chaleur, de la disette des vivres, de la rapacité et de la perfidie des Maures. Il est probable qu'ils auraient succombé à tous ces maux s'ils n'avaient été aperçus par l'*Argus*, qui leur envoya des secours de tout genre. Ils furent ensuite joints par des Anglais qui leur envoyaient des chameaux, des vivres et tout ce qui était nécessaire pour qu'ils pussent continuer leur route. Le 12, à 7 heures du soir, ils arrivèrent à Saint-Louis, sans nouvel accident et sans avoir perdu un des leurs.

Mais il est temps de revenir aux malheureux abandonnés sur le radeau. Lorsqu'ils eurent perdu de vue la dernière embarcation, ils furent frappés de stupeur, et leur désespoir s'exhala en violentes imprécations contre ceux qui les avaient si cruellement délaissés. Toutefois, on ne tarda pas à reconnaître que le calme et la subordination étaient nécessaires au salut commun. Un ordre fut établi pour la distribution du peu de vivres qui restaient; le biscuit disparut en un jour. L'espoir que les embarcations viendraient à leurs secours soutenait seul le courage des infortunés que la mort menaçait à chaque instant. Pendant la nuit qui suivit leur abandon, ballottés par les flots, ils s'entrechoquaient et tombaient dans les intervalles des pièces mal jointes qui composaient le radeau. Plusieurs périrent brisés ou mutilés; d'autres furent lancés à la mer par la violence des secousses; d'autres s'y précipitèrent volontairement pour mettre un terme à leurs souffrances. Le lendemain, à l'heure de la distribution, il manquait déjà vingt hommes. La nuit suivante fut encore plus affreuse que la précédente. Le vent souffla avec une violence extrême; des montagnes d'eau couvraient à chaque instant les malheureux naufragés et se brisaient sur eux avec fureur. Ils furent obligés de se serrer au centre, partie la plus solide du radeau; ceux qui ne purent se grouper dans ce poste périrent presque tous. Sur l'avant et sur l'arrière, les lames déferlaient avec tant d'impétuosité, qu'elles entraînaient les plus vigoureux. On se pressait si fortement au milieu que plusieurs

furent étouffés. Les soldats et les matelots, fer-
mement persuadés qu'ils allaient être engloutis,
résolurent d'adoucir leurs derniers moments en
buvant jusqu'à perdre la raison. Ils percèrent
un tonneau de vin, sans que les officiers, qui
partageaient leur découragement, pussent les
en empêcher, et ils ne cessèrent que quand
l'eau de mer eut pénétré par le trou qu'ils
avaient pratiqué. Les fumées du vin ne tardèrent
pas à porter le désordre dans des cerveaux déjà
affaiblis par la fatigue, la perspective de la mort
et le défaut d'aliments. Sourds à la voix de la
raison, ils formèrent l'horrible projet de détruire
le radeau en coupant les amarrages, et de s'engloutir ainsi avec leurs compagnons d'infortune.
Ils manifestèrent hautement l'intention de se
défaire d'abord des chefs qui pouvaient s'opposer à leurs desseins. Les sabres furent tirés, et
ces frénétiques, se chargeant avec furie, ajou-
tèrent de leurs propres mains aux causes de
destruction qui les environnaient de toutes parts.
Le sang coulait. Dans cet étroit espace étaient
des hommes, rebut de la société, déjà flétris
par elle et marqués du fer réprobateur. A la vue
du sang, leurs instincts féroces se réveillent ;
ils fondent sur les officiers et les passagers qui,
connaissant leurs desseins, s'étaient retirés à
l'une des extrémités du radeau. Mieux armés,

ceux-ci, qui avaient d'ailleurs conservé leur sang-froid et que l'intempérance n'avait pas énervés, repoussèrent les assaillants, jonchèrent le radeau de cadavres et les précipitèrent à la mer. Mais la faim et la pénurie de provisions suscitèrent entre les survivants de continuelles dissensions. L'exaspération et la fureur causées par leurs souffrances anéantirent en eux tout sentiment d'humanité. La plume se refuse à tracer les dégoûtantes horreurs qui suivirent. Ces malheureux, exténués par un long jeûne, auxquels les vagues, jaillissant sur leurs blessures ou leurs corps dénudés, faisaient, à tout moment, pousser des cris lamentables, en vinrent, pour prolonger de quelques heures une si misérable existence, jusqu'à se nourrir de la chair de leurs victimes, et à boire l'urine les uns des autres pour offrir à leur soif ardente un soulagement trompeur. Deux d'entre eux, qui furent pris buvant furtivement, à l'aide d'un chalumeau, à la seule barrique qui restait, furent jetés à la mer. Un jeune élève, que son intéressante figure, sa voix douce et pénétrante, son caractère enjoué et son courage faisaient aimer de tous, s'éteignit comme une lampe qui cesse de brûler faute d'aliments. Le nombre de ceux qui étaient sur le radeau se trouvait ainsi réduit à vingt-sept. « Mais, dit un des acteurs de cet

horrible drame (M. Corréard), quinze sur les
vingt-sept paraissaient devoir exister quelques
jours ; tous les autres, couverts de plaies, avaient
presque entièrement perdu la raison. Cependant, ils avaient part aux distributions et pouvaient avant leur mort consommer, disions-nous,
trente à quarante bouteilles de vin qui nous
étaient d'un prix inestimable. On délibéra... »
Le résultat de cette exécrable délibération fut
que les quinze plus forts jetteraient les douze
plus faibles à la mer, ce qui fut exécuté ; et
dans le nombre des victimes se trouvait, avec
son mari, une femme, une cantinière, « qui,
ajoute M. Corréard, s'est associée pendant
vingt ans aux glorieuses fatigues de nos armées;
pendant vingt ans, elle avait porté aux braves,
sur le champ de bataille, ou de nécessaires secours, ou de douces consolations. » Six jours
après, les quinze hommes encore vivants furent
recueillis par l'*Argus*, envoyé à la recherche du
radeau. Ils étaient près d'expirer et ressem-
blaient moins à des hommes qu'à des cadavres.
Ils furent ramenés à Saint-Louis, où, malgré les
soins qui leur furent prodigués, cinq d'entre
eux succombèrent peu après leur arrivée. Ainsi,
de cent cinquante-deux individus qui avaient
pris place sur ce fatal radeau, dix seulement
survécurent pour apprendre, par leurs récits,

ce que l'homme peut accumuler de souffrances et de crimes dans un espace de treize
jours.

La nature fait souvent trouver un soulagement, et même une compensation à l'excès du
mal. Ainsi, plusieurs de ces infortunés, en per-
dant la raison, perdirent le sentiment de leurs
peines, et devinrent insensibles à l'horreur de
leur situation. Quelques-uns même éprouvaient
momentanément, par suite d'un état particulier
aux marins qui voyagent sous des latitudes très
élevées, des jouissances qui leur étaient ravies
dès que le retour de leurs facultés leur rendait
la connaissance d'eux-mêmes et de leur déplorable destinée. C'est pendant la nuit que cette
espèce de fièvre, nommée *calenture*, s'empare
de celui que, sur mer, une température brû-
lante et de longues fatigues ont prédisposé à
son invasion. Il s'éveille entièrement privé de
raison ; son regard étincelle ; il s'échappe de
son lit, court sur les ponts et les gaillards, et
croît voir, au milieu des flots, des arbres, des
forêts, des prairies émaillées de fleurs. Cette
illusion le réjouit ; sa joie se trahit par mille
exclamations ; il témoigne le plus ardent désir
de se jeter à la mer, et si on le laissait faire, il
s'y précipiterait croyant descendre dans un
pré. Plusieurs des naufragés, en proie à ces

hallucinations, se croyaient encore sur la *Méduse*
voguant paisiblement ; d'autres voyaient des
navires et les appelaient à leur secours. M. Corréard croyait parcourir les belles campagnes
d'Italie. Quelquefois aussi ces douces illusions
étaient produites par des rêves qu'on aurait pu
appeler bienfaisants s'ils n'avaient pas rendu le
réveil plus affreux. « Vers le matin, dit M. Bre-
dif, qui était sur la chaloupe, la lune étant cou-
chée, excédé de besoin, de fatigue et de sommeil,
je cède à mon accablement, et je m'endors
malgré les vagues prêtes à nous engloutir. Les
Alpes et leurs sites pittoresques se présentent à
ma pensée ; je jouis de la fraîcheur de l'om-
brage ; je renouvelle les moments délicieux que
j'y ai passés ; le souvenir de ma bonne sœur
fuyant avec moi, dans les bois de Kaiserslautern,
les Cosaques qui s'étaient emparés de l'établissement des mines, est présent à mon esprit.
Ma tête était penchée au-dessus de la mer ; le
bruit des flots qui se brisent contre notre frêle
barque produit sur mes sens l'effet d'un torrent
qui se précipite du haut des montagnes ; je
crois m'y plonger tout entier. Tout à coup je
me réveillai ; ma tête se releva douloureuse-
ment ; je décolle mes lèvres ulcérées, et ma
langue desséchée n'y trouve qu'une croûte amère
de sel, au lieu d'un peu de cette eau que j'avais

vue dans mon rêve. Le moment fut affreux et mon désespoir extrême. »

On était allé, en toute hâte, à la recherche des canots et du radeau qui n'étaient point arrivés à Saint-Louis, lorsque le gouverneur et le commandant y parvinrent ; on fut moins empressé à envoyer vers la *Méduse*, où l'on disait cependant qu'une somme de 100,000 francs — on ne put jamais la retrouver — avait été embarquée pour les besoins de la colonie, ainsi qu'un grand nombre d'approvisionnements, et où étaient enfin restés dix-sept des malheureux naufragés. Cette dernière considération devait sans doute déterminer le prompt envoi d'un bâtiment sur ce point ; mais on avait, avec raison, pensé que si ces dix-sept hommes, restés volontairement sur la frégate, n'étaient pas engloutis par les flots, ils trouvaient à bord des vivres en quantité suffisante pour prolonger leur existence bien plus longtemps que ceux des canots et du radeau. Enfin, le 26 juillet, on expédia une goëlette ; mais, battue par des vents contraires, elle fut obligée de rentrer au port. A sa seconde sortie, elle essuya, au large, un assez fort coup de vent qui lui causa des avaries, et après quinze jours d'une navigation infructueuse, elle dut encore rentrer. Plus heureuse à sa troisième sortie, elle atteignit la

Méduse cinquante-deux jours après son abandon. Les dix-sept hommes qu'on y avait laissés avaient rassemblé tous les moyens de subsistance qu'ils y avaient trouvés. Tant que les vivres avaient duré, ils avaient vécu en paix ; mais quarante-deux jours s'étaient écoulés sans qu'ils eussent vu paraître les secours qu'on leur avait promis. Alors douze des plus impatients et des plus intrépides, se voyant menacés de manquer de tout, résolurent de gagner la terre. Ils construisirent un radeau avec des pièces de bois qui étaient sur la frégate ; mais ils furent victimes de leur témérité, et les restes de leur radeau, trouvés sur la côte du Sahara par les Maures, sujets du roi de Zaïde, ne laissèrent aucun doute sur leur sort. Un matelot, qui avait refusé de les accompagner, voulut aussi, à quelques jours de là, gagner la terre ; il se mit dans une cage à poules et fut submergé à une demi-encâblure de la frégate. Au reste, si ces malheureux n'avaient point péri dans les flots, il est presque certain qu'eux et leurs compagnons auraient tous succombé aux horribles tortures de la faim. Les quatre qui restaient se décidèrent à mourir à bord plutôt que d'affronter des dangers dont il leur semblait impossible de triompher. Un d'eux venait de périr de besoin quand la goëlette arriva ; son corps avait été

jeté à la mer. Les trois autres étaient si affaiblis, que deux jours plus tard on n'aurait
trouvé que leurs cadavres. Ils occupaient chacun un endroit séparé, et n'en sortaient que
pour aller chercher des vivres qui, dans les
derniers jours, ne consistaient qu'en un peu
d'eau-de-vie, de suif et de lard salé. Quand ils
se rencontraient, ils couraient les uns sur les
autres et se menaçaient de coups de couteau,
comme des bêtes féroces se disputant la proie
qui doit les faire vivre. Tant que le vin et les
autres provisions avaient duré, ils s'étaient
parfaitement soutenus ; mais dès qu'ils avaient
été réduits à l'eau-de-vie pour unique boisson,
ils s'étaient graduellement affaiblis. Ils se trouvèrent enfin réunis aux malheureux qui avaient
échappé aux mêmes désastres.

En effet, ceux qu'on avait débarqués, le 6
juillet, sur la côte du Sahara, étaient parvenus
aussi, après mille dangers, au chef-lieu de la
colonie, le 23 juillet, trois jours par conséquent
avant le premier départ de la goëlette envoyée
au secours de la frégate. Il nous reste à faire le
récit de leur voyage. Soixante-trois hommes, on
doit se le rappeler, avaient pris terre à environ
8 lieues au nord des *Mottes-d'Angel*. Après
avoir déféré le commandement de la caravane
à l'adjudant sous-officier Petit, jeune homme de

vingt-huit ans, ferme et intelligent, on fit l'appel pour le départ ; cinquante-sept hommes y répondirent. Les six autres, ou s'étaient imprudemment écartés de la troupe et avaient été enlevés par les Maures, ou s'étaient livrés à eux dans l'espoir d'en obtenir les moyens d'assouvir la faim et la soif qui les tourmentaient. De ce nombre était un Saxon, nommé Kummer, qui se sépara volontairement de la caravane et se dirigea vers l'est.

Suivons à travers le désert les cinquante-sept autres naufragés, au nombre desquels était la femme d'un caporal. Ils se mirent en marche, sous un soleil brûlant, et ne trouvèrent ni abri pour se reposer, ni source pour se désaltérer. Le soir, ils atteignirent les trois collines de sable situées sur le bord de la mer, et appelées les *Mottes-d'Angel*. Dans quelques cabanes inhabitées de pêcheurs, ils trouvèrent de nombreux débris de sauterelles, restes vraisemblablement de leur repas. Le 7, vers 2 heures du matin, la caravane se remit en route, toujours tourmentée par la soif et la faim. Les uns essayèrent de boire de l'eau de mer, mais elle leur causa d'horribles coliques et de violents vomissements; d'autres se résignèrent à boire de l'urine ; d'autres enfin eurent l'idée de creuser de petits puits au bord de la mer, et ils y trouvèrent une eau bourbeuse, mais moins malfaisante que les boissons dont leurs compagnons avaient fait usage. La nuit ayant rafraîchi l'atmosphère, toute la caravane, abritée derrière une dune, s'endormit, mais d'un sommeil agité par des cauchemars. A leur réveil, le soleil, encore plus ardent que le jour précédent, ajouta aux souffrances de ces infortunés. La plupart souhaitaient que les Maures vinssent les réduire en esclavage en échange d'un peu d'eau et de nourriture. Pendant toute la journée, on ne trouva à manger que des crabes; mais leur chair, quand elle est crue, occasionne de tels dérangements, que peu osèrent employer cette ressource. La nuit se passa comme la précédente, plus agitée même, car on entendit siffler beaucoup de serpents. Le lendemain 9, à 2 heures du matin, on se remit en route. Cette journée, la quatrième passée dans le désert, fut une des plus cruelles; tous étaient à bout de forces. La femme du caporal, exténuée de fatigue, se laissa tomber à terre et refusa d'aller plus avant. Son mari, voulant la contraindre par la peur, tira son sabre. « Frappe, dit-elle, que je cesse de souffrir ! » Il resta près d'elle, la traîna vers un marigot d'eau salée, et eut la douleur de la voir expirer. Toute la caravane passa dans ce lieu une nuit troublée par les sifflements des rep-

tiles et les rugissements des lions. Le 10, lorsqu'on donna le signal du départ, la moitié de
la troupe ne put se relever; ce n'était d'abord
qu'un engourdissement dans les jambes; des
douleurs aiguës survinrent. Quelques-uns, dans
leur abattement, demandèrent, comme grâce,
d'être fusillés; ranimés toutefois par le soleil
levant, ils recouvrèrent l'usage de leurs membres et se traînèrent à la suite de leurs camarades. La nuit suivante, presque tous furent
pris de délire; leur langue, par moments, per-
dait de sa flexibilité; ils ne s'entendaient plus
que par signes; l'excès de la douleur en jetait
plusieurs dans une horrible frénésie. Un d'eux,
que plusieurs autres imitèrent, alla jusqu'à se
déchirer le bout des doigts et à sucer son propre
sang. Ce déplorable expédient n'empêcha pas
quelques-uns de succomber dans la nuit suivante.

Le 11, vers 2 heures du matin, Petit venait
de se mettre en route avec l'avant-garde, lorsqu'il découvrit des cabanes d'où s'élancèrent
aussitôt une quarantaine de Maures, armés de
poignards, de sabres et de sagaïes, et poussant
de grands cris. Ils s'emparèrent de la faible
avant-garde; Petit eut seul l'adresse de rejoindre le reste de la caravane. Il annonça l'arrivée
des barbares. A cette nouvelle, la troupe, qui
avait rassemblé toutes ses forces pour conti-

nuer le voyage, fut frappée de stupeur. Résister
ou fuir était également impossible. Au milieu
de la consternation générale, une voix s'écrie :
« Eh bien, les Maures nous donneront à boire ! »
et, en même temps, tous marchent au-devant
de cette bande qui, un moment auparavant,
inspirait tant d'effroi ; elle accourait comme une
meute à la curée. En un clin d'œil, les naufragés furent mis complètement nus. Ils se prê-
taient eux-mêmes à cette honteuse spoliation,
craignant que la moindre résistance, le moindre
mot, le moindre geste de regret n'irritât les
brigands auxquels ils demandaient, en sup-
pliant, un peu d'eau et de mil. Enfin, les captifs furent conduits à un marigot caché dans un
fond. L'eau en était amère et couverte de
mousse ; cependant, ces infortunés ne pouvaient
se rassasier de cette espèce de bourbe que
leur estomac affaibli rejetait aussitôt qu'ils la
buvaient. On les mena ensuite vers les cabanes ;
le chef des Maures demanda le commandant ;
on lui montra l'adjudant Petit. Il lui prit la
main et le fit asseoir à ses côtés, tandis que les
femmes partageaient le butin ; ensuite, toute la
horde des guerriers, les femmes, les enfants
commencèrent les danses mêlées de cris et de
contorsions, par lesquels ils témoignent ordinairement leur allégresse.

Le chef des Maures voulut savoir quel était
le pays des naufragés, d'où ils venaient, où ils
allaient, comment ils étaient parvenus à la côte,
ce que contenait leur vaisseau et ce qu'il était
devenu. Satisfait sur tous ces points, il consentit
à conduire les naufragés au gouverneur du Sénégal, à condition qu'on lui donnerait des toiles
de Guinée, de la poudre, des fusils, du tabac. Il
leur fit distribuer un peu de poisson, et donna
le signal du départ.

Le 12, après quelques heures de marche, on
rencontra une seconde bande de Maures, beaucoup plus nombreuse que celle qui conduisait
les naufragés. Celle-ci voulut résister, mais elle
fut vaincue, et son chef renvoyé avec la barbe
et les cheveux rasés.

Hamet était le nom du vainqueur. « Je suis,
dit-il en mauvais anglais, le prince des Maures
pêcheurs et votre maître; vous allez être conduits à mon camp. » On y arriva vers le soir,
mais on n'y trouva, au milieu de quelques
chétives cabanes, que des femmes et des enfants laissés à la garde des troupeaux; on n'eut
pour boisson que de l'eau bourbeuse et amère,
et pour nourriture que des crabes crus et des
racines filandreuses. On força ensuite les captifs
à arracher des racines, à charger et à déchar-
ger les chameaux, à panser les bestiaux. Lors-

que le sommeil, plus fort que toutes les douleurs, venait fermer leurs paupières, les femmes et les enfants s'amusaient à les pincer jusqu'au sang, à leur arracher les cheveux et les poils de la barbe, à jeter du sable sur leurs plaies; ils se délectaient surtout à entendre leurs cris et leurs gémissements.

Le prince Hamet revint, le 16, distribuer aux naufragés dix gros poissons avec à peu près deux verres d'eau, puis il demanda ce qu'ils lui donneraient pour les conduire au Sénégal. On le pria de dire lui-même ce qu'il désirait; on lui promit plus qu'il ne demandait; et, sur-le-champ, on se mit en route, lui enchanté de sa bonne fortune, les captifs satisfaits de quitter cet odieux séjour.

Le 17, au lever du soleil, les captifs aperçoivent un navire qui s'avance rapidement; ils reconnaissent le pavillon français; leurs cœurs palpitent de désir et d'espérance, lorsque tout à coup ils le voient changeant de route, s'éloigner et disparaître. C'était l'*Argus* qui cherchait les naufragés pour les ramener au Sénégal; il n'avait pas vu les signaux qu'on lui faisait du rivage. Ce fut un bonheur pour les malheureux abandonnés sur le radeau; car l'*Argus*, ayant continué sa route, les rencontra par hasard, ce jour-là même.

et presque au moment où ils allaient expirer.

La caravane se remit en route. Le 18 et le 19, on fut réduit à boire de l'urine de chameau mêlée à un peu de lait, boisson qui fut trouvée préférable aux eaux du désert. Enfin, le 19, on rencontra un marabout qui annonça l'arrivée prochaine d'un envoyé de la colonie. M. Karnet, en habit de Maure, monté sur un chameau, parut bientôt accompagné de quatre autres marabouts. Ce philanthrope irlandais venait, à travers de grands périls, apporter aux naufragés des vivres qu'il leur distribua en arrivant. Personne n'ayant la patience de laisser cuire le riz, on l'avala tout cru, et aux tourments de la faim succédèrent de dangereuses indigestions qui n'empêchèrent pourtant pas d'acheter un bœuf que l'on fit cuire à la manière des Maures, c'est-à-dire dans un trou que l'on creusa et où l'animal, couvert de sable, fut placé entre deux feux. M. Petit et quelques soldats contenaient les plus affamés, qui voulaient déterrer le bœuf et le dévorer sans plus attendre. Enfin, on le partagea. Cette viande coriace, mangée avidement, produisit de funestes effets. Un Italien s'en gorgea au point de se faire enfler le ventre, et en mourut le lendemain. D'autres, par suite de ce changement subit et immodéré de régime, semblèrent tombés en démence. L'un d'eux demandait en pleurant qu'on ne l'abandonnât pas dans le désert, et avait toutes les allures d'un enfant. M. Karnet le traitait comme tel, et lui donnait, pour l'apaiser, du sucre et de petits pains américains.

Le même jour, l'*Argus* reparut à une lieue environ. Ayant entendu quelques coups de fusil tirés par M. Karnet, il s'approcha du rivage autant qu'il put et envoya à terre une embarcation. Comme elle tentait en vain de franchir les brisants, M. Karnet, Hamet et son frère les passèrent à la nage, et parvinrent au canot dans lequel ils entrèrent, et qui les porta au brig. Le capitaine, M. Parnajon, leur remit un baril de biscuit avec quelques bouteilles d'eau-de-vie, et les renvoya dans un autre canot qui ne put pas mieux que le précédent traverser les brisants. Alors ils se mirent à la mer avec leur cargaison et parvinrent à la pousser devant eux jusqu'au rivage. Aussitôt l'adjudant Petit fit une distribution de biscuit et d'eau-de-vie, et chargea le reste sur des chameaux. Ce fut alors que la caravane apprit de l'*Argus* le sort des naufragés du radeau et le chemin qui restait à faire par terre (une vingtaine de lieues) pour atteindre le Sénégal. La caravane y arriva enfin le 23 juillet, à midi. Malgré toutes les souffrances d'un si rude trajet, une femme et cinq hommes

seulement avaient succombé. Trois s'étaient
écartés dans le désert. Un d'eux, militaire, fut
enlevé par les Maures, resta plus d'un mois
parmi eux et fut ensuite ramené à Saint-
Louis.

Les deux autres étaient le jeune Kummer et
son compagnon Rogery. Kummer, que M.
Walckenaer a connu à Paris, précepteur des
fils d'un célèbre fournisseur de la marine, était
un Saxon, né à Dresde. « Son goût, dit M.
Walckenaer, l'entraînait vers l'étude de l'histoire naturelle, et nous n'avons rencontré personne qui montrât pour toutes les parties de
cette science, mais surtout pour l'entomologie,
de plus grandes dispositions. Il observait et
décrivait les plus petits objets avec une patience
et une sagacité merveilleuses, et les dessinait
avec une exactitude et une habileté qu'on peut
peut-être égaler, mais non surpasser (1). Ce
goût pour l'histoire naturelle et les malheurs
arrivés à ses protecteurs, le déterminèrent à
faire partie de l'expédition que le gouvernement

(1) Un des plus intéressants élèves de Kummer, qui n'ignorait pas
l'utilité dont nous avions été à son maître pour affermir ses premiers
pas dans la science, nous a donné un recueil de ses dessins d'araignées; et quoique nous en possédions plus de quatre cents espèces
dessinées sous nos yeux par les plus habiles artistes, ceux que nous
avons de Kummer surpassent tous les autres par la fidélité dans les
détails et la vérité des couleurs. *(Note de M. Walckenaer.)*

français avait organisée pour le Sénégal. Il se
prépara à ce voyage par des études dont nous
avons été témoin. Il lut tous les voyages sur la
Sénégambie et dressa, d'après les relations et
les matériaux qu'il put se procurer au dépôt de
la marine, une carte du cap Vert où le gouvernement français projetait un établissement.
Enfin il profita des cours publics de Paris,
pour apprendre, autant qu'il put, l'arabe, afin
de se faire comprendre des Maures et des marabouts. »

M. Walckenaer consacre le reste de sa relation au récit suivant des aventures de Kummer.
Ce furent, sans aucun doute, les connaissances
qu'il avait acquises sur cette partie de l'Afrique
et la certitude de pouvoir se faire comprendre
de ceux qui l'habitaient, qui lui donnèrent la
hardiesse nécessaire pour oser quitter la caravane des soixante-trois débarqués près du cap
Mirick et de s'avancer seul dans l'intérieur de
l'immense désert. Il espérait rencontrer des
Maures qui lui donneraient des aliments pour
satisfaire la faim et la soif qu'il éprouvait depuis deux jours. Un instant après son départ,
un nommé Rogery prit la même résolution que
notre naturaliste et suivit une route parallèle à
celle qu'il parcourait.

Kummer marcha toute la journée sans rencontrer un seul individu. Vers le soir, il aperçut de loin des feux s'élevant sur des hauteurs qui ordinairement bordent des marigots. Il tressaillit d'espérance et de joie. Il s'avança d'un pas ferme et rapide, aborda avec beaucoup d'assurance les Maures qui étaient sous leur tente, et leur dit en arabe : « Recevez le fils de l'infortunée mahométane que je vais rejoindre dans la haute Egypte. Un naufrage m'a jeté sur vos côtes, et je viens, au nom du grand prophète, vous demander l'hospitalité et des secours. » En prononçant le nom du grand prophète, Kummer se prosterna la face contre terre, et fit le salut d'usage ; les Maures en firent autant, et ne doutèrent plus qu'ils n'eussent devant les yeux un sectateur de Mahomet. Ils l'accueillirent avec empressement, lui présentèrent du lait et du couscous. Cette nourriture lui redonna des forces. Les Maures lui demandèrent de leur raconter ses aventures et lui firent promettre de les conduire à la grande chaloupe qui l'avait amené. Après leur en avoir fait la promesse, Kummer alla examiner les tentes et les troupeaux du chef de cette tribu, qui le conduisait lui-même, et lui vantait ses richesses et ses dignités : il lui dit qu'il était le prince Fune Fadhdime Muhammed, fils de Liralie Zaïde, roi des peuples maures nommés Trarzas ; que lors-

qu'ils seraient de retour des bords de la mer, il
le conduirait devant le roi son père, et que là
il verrait ses nombreux esclaves et ses im-
menses troupeaux. En parcourant les différentes
positions du camp, le prince Muhammed s'a-
perçut que Kummer avait une montre; il demanda à la voir, et il fallut bien l'exhiber
sans résistance. Le prince la prit, et, après une
première inspection, il dit à Kummer qu'il la
lui rendrait quand ils seraient arrivés à Andar,
— c'est ainsi que les Maures appelaient l'île
Saint-Louis. Ils parvinrent ensuite à la tête du
troupeau, et notre naturaliste fut témoin des
soins extraordinaires que ces peuples donnent
à leurs bestiaux. Les chevaux et les chameaux
étaient dans un lieu particulier, et tout le reste
du troupeau était répandu sur les bords d'un
grand marigot salé. Derrière eux, les esclaves
avaient formé une ligne de feux très étendue,
pour chasser les moustiques et les autres insectes qui tourmentent ces animaux; tous étaient
d'une rare beauté. En parcourant avec le chef
des Maures les divers quartiers du camp, Kummer ne vit pas sans étonnement la manière dont
ils nettoient leurs bestiaux. Le chef donne l'ordre; aussitôt des hommes, commis à cet emploi, prennent des bœufs très forts par les
cornes et les renversent sur le sol avec une fa-

cilité étonnante. Des esclaves désignés se sai-
sissent ensuite de l'animal, lui enlèvent de
dessus le corps tous les insectes qui, malgré les
feux dont sont entourés les troupeaux, parviennent à se glisser dans les poils des animaux qu'ils tourmentent. Après cette première
opération, on les lave avec soin, principalement les vaches, qu'ensuite on se met à traire.
Ces diverses opérations occupent ordinairement
les esclaves, et même les maîtres, jusqu'à 11
heures du soir. Kummer fut ensuite invité à se
reposer sous la tente du chef; mais, avant qu'il
pût se livrer au sommeil, il fut assailli d'une
foule de questions sur la Révolution française,
dont la connaissance est parvenue jusque chez
ces peuples. Ils lui demandèrent aussi pourquoi
nos navires ne venaient plus à Portendic et aux
îles d'Arguin ; puis enfin ils le laissèrent prendre quelque repos. Kummer redoutait la perfidie
de ses hôtes et leur esprit de rapine ; cependant,
accablé par trois jours de fatigues continuelles,
il s'endormit pendant quelques instants, pendant lesquels les barbares lui enlevèrent sa
bourse, qui contenait encore trente pièces de
vingt francs, sa cravate, son mouchoir, sa re-
dingote, ses souliers, son gilet et quelques autres objets qu'il portait dans ses poches; il ne
lui resta plus qu'un mauvais pantalon et une

veste de chasse ; ses souliers lui furent remis.

Le lendemain, au lever du soleil, les Maures firent leur prière ; puis, sur les 8 heures, leur chef, quatre de ses sujets, Kummer et un esclave partirent pour les bords de la mer, dans l'intention d'y trouver la chaloupe échouée. Arrivés sur le rivage, ils trouvèrent peu de chose. Des morceaux de cuivre furent les objets qui fixèrent principalement leur attention. Après s'être emparés de tous ceux dont ils purent se charger, ils reprirent la route de l'est : et, au bout de deux heures, ils rencontrèrent d'autres Maures, sujets également du prince Muhammed. Ils s'arrêtèrent et couchèrent sous des tentes. Le chef occupa la plus belle, et ordonna que des rafraîchissements fussent donnés au *toubabe*, c'est-à-dire au blanc. Kummer en avait besoin, car il était exténué. Il lui fut cependant impossible de se livrer au repos ; les femmes et les enfants venaient le toucher à tout instant pour s'assurer de la finesse de sa peau, et pour tâcher de lui enlever soit des lambeaux de sa chemise, soit le peu d'effets qui lui restaient. On lui demanda, pendant la soirée, de nouveaux renseignements sur les guerres terribles que la France a eues à soutenir : il fallut alors qu'il en retraçât sur-le-champ le récit en caractères arabes. Ce furent cette excessive complaisance et sa prétendue qualité de fils d'une mahométane et d'un chrétien, qui lui valurent la bienveillance de tous les Maures qu'il rencontra dans son voyage. A chaque instant; le prince priait Kummer de faire marcher les rouages de sa montre dont les mouvements étonnaient singulièrement les Maures. Notre voyageur n'était pas moins surpris de voir, au milieu des hordes de ces déserts, des enfants âgés de cinq ou six ans qui écrivaient parfaitement l'arabe.

Le lendemain, 8 juillet, au petit jour, les Maures, placés sur le sommet d'une hauteur, prosternés et la face tournée du côté de l'orient, attendirent en silence le lever du soleil; et à l'instant même où il parut, ils firent leur *salam* ou prière. Kummer les imita, et depuis il eut toujours soin de prier en même temps qu'eux. La cérémonie achevée, les Maures continuèrent leur route dans la direction du S.-E., ce qui effraya beaucoup Kummer. Il crut que définitivement on le conduisait à Maroc; alors il fit son possible pour faire part de ses inquiétudes au prince Muhammed, qui finit par le comprendre; pour plus de sûreté, Kummer traça sur la table une partie de la carte d'Afrique. Notre voyageur entendait toujours prononcer le nom d'Andar, ce qui redoublait ses alarmes; mais, par

les lignes qu'il traça, il soupçonna bientôt que,
par ce mot, les Maures voulaient désigner l'île
Saint-Louis, et il en fut convaincu lorsqu'il eut
écrit le nom du comptoir européen à côté de
celui d'Andar. Les Maures lui témoignèrent
qu'il les avait compris, et firent éclater une
grande joie de ce qu'un blanc pût entendre leur
langue.

A midi, la troupe s'arrêta sur les bords d'un
marigot. Kummer, extrêmement fatigué, se
coucha sur le sable et s'endormit à l'instant.
Pendant ce temps, Rogery, qui avait été également pris par les Maures, s'arrêtait dans le
même lieu. Il aperçut Kummer immobile et
couché le visage contre terre; il le crut mort,
et, à cette vue, il trembla de douleur et d'effroi :
mais ensuite, lorsqu'il se fut approché et qu'il
se fut assuré que son ami, son compagnon de
malheur respirait encore, il passa de l'extrême
douleur à la joie la plus vive. Il le saisit et le
tint étroitement embrassé. Ces deux infortunés,
après avoir goûté le plaisir de se revoir, se ra-
contèrent réciproquement leurs aventures. Rogery avait tout perdu; il ne lui restait plus que
sa chemise, un très mauvais pantalon et un
chapeau. Les femmes maures, et particulièrement les enfants, l'avaient beaucoup tourmenté; ces derniers le pinçaient continuelle-

ment et l'avaient empêché de prendre un instant de repos.

La caravane se remit bientôt en marche et reprit la route du S.-E. qui conduisait au camp du roi Zaïde. Le même soir, ils y arrivèrent ; mais le monarque était absent. Le bruit du naufrage de la *Méduse* était parvenu dans son camp, et il s'était rendu sur le rivage pour faire donner du secours aux naufragés qu'il pourrait y rencontrer. A son retour, vingt-quatre heures après, il accueillit les deux blancs avec bonté et ordonna qu'ils fussent bien traités. Il prescrivit ensuite de les reconduire à Andar ; puis, faisant rendre à Kummer sa montre, il lui conseilla de la confier à son fils, disant que, par là, il éviterait que les Maures s'en emparassent, et qu'il la lui remettrait ensuite. Kummer obéit, et le prince maure exécuta fidèlement les ordres de son père.

Le 19 au matin, nos voyageurs arrivèrent dans un village situé sur le bras du Sénégal, qu'on nomme le Marigot des Maringouins. C'est là que commence la Nigritie ; et nos voyageurs y trouvèrent une terre hospitalière. Désormais, ils ne manquèrent plus d'aliments. Au village de Vu, une négresse, qui avait été esclave du respectable Blanchot, gouverneur du Sénégal, leur adressa la parole en français et leur prodi-

gua les soins les plus tendres. Les Maures, de
leur côté, devenaient plus doux, à mesure qu'ils
approchaient de Saint-Louis. Enfin, ils y arrivèrent, le 22 juillet, après seize jours de marche dans le désert. Le gouverneur accueillit
très bien le prince maure, ainsi que sa suite, et
leur fit donner 60 francs en pièces de deux
sous. Cette somme leur parut considérable, et
ils en furent très satisfaits ; ce qui porte à croire
qu'ils ne connaissaient pas la valeur de la
gourde, lorsqu'ils en avaient demandé huit
cents pour conduire nos deux voyageurs.

Tous les naufragés étant réunis, on s'occupa
de l'objet de l'expédition, la reprise du Sénégal ; mais le gouverneur anglais l'éluda sous
prétexte qu'il n'avait pas d'ordres de son gouvernement, et, après quelques jours d'un bon
accueil, il exigea que les Français s'éloignassent
quoique la plupart d'entre eux fussent sans armes et dans un état d'épuisement qui les rendait forcément inoffensifs. M. Schmaltz se décida à aller camper sur le cap Vert, dont la
possession était assurée à la France. Le 25 juillet, le brig *l'Argus* et un bâtiment marchand se
chargèrent des restes de l'équipage de la *Méduse*.
C'étaient les hommes qui étaient débarqués près
de Portendic et quelques-uns de ceux du radeau. Les plus malades, notamment MM. Cor-

réard et Kummer, étaient restés à l'hôpital de
Saint-Louis. Les deux navires, dont l'un portait
le gouverneur, mouillèrent dans la soirée sur
la rade de Gorée. Le lendemain, les hommes
furent transportés sur le cap Vert. Quelques
jours auparavant, la *Loire* y avait débarqué
M. de Chaumareys avec plusieurs militaires et
matelots et une compagnie de soldats coloniaux.

Un camp fut établi près du village de Dakar,
habité par les noirs, pour recevoir tous les
nouveaux débarqués ; et, comme le naufrage
de la frégate avait beaucoup diminué le chiffre
des hommes de la garnison et occasionné la
perte d'une grande partie des vivres dont elle
était chargée, la corvette *l'Écho* fut expédiée,
le 29 juillet, pour obtenir de nouveaux secours
et prendre les ordres du roi relativement aux
difficultés opposées par le gouvernement anglais.
Au nombre des cinquante-trois naufragés qui
prirent passage sur la *Loire* était M. Savigny,
chirurgien de la *Méduse*, qui, à son retour en
France, préluda par l'insertion, dans un journal,
de quelques détails sur la catastrophe dont il
avait été un des acteurs, au récit qu'il publia
plus tard, avec M. Corréard, des émouvantes
péripéties dont elle avait été accompagnée et
suivie. Une épidémie moissonna les deux tiers

de ceux qui avaient été débarqués au cap Vert ;
les survivants, transportés à Saint-Louis, le 20
novembre, y reçurent de grands soins. Ils eurent surtout à se louer de l'humanité du major
Peddy et du capitaine Campbell qui, résolus à
faire un voyage dans l'intérieur de l'Afrique,
tentèrent Kummer par des offres avantageuses
et l'attachèrent au service de l'Angleterre. Hélas !
cet intrépide jeune homme, après avoir échappé
à tant de souffrances et de dangers, devait,
comme ses deux compagnons, succomber dans
cette entreprise.

Le naufrage de la *Méduse* a inspiré à Géri-
cault un vaste tableau, où les scènes les plus
déchirantes qui se passèrent sur le radeau sont
reproduites avec une saisissante énergie, qui a
déterminé le classement de cette toile parmi les
chefs-d'œuvre de l'école française. Tout récemment, un drame, représenté à Paris sur l'un des
théâtres des boulevards, a remis en action
quelques-unes de ces scènes.

Naufrage de la Méduse, etc., par MM. J.-B.-H. Savigny et
Alex. Corréard. Paris, 1817, in-8°. Il a été publié sept édi-
tions de cette relation. — *Naufrage de la frégate la Méduse*, dans le t. IV, p. 251-285 de l'*Histoire des relations
de voyages par mer et par terre en différentes parties de
l'Afrique*, par C.-A. Walckenaer. — *Relation inédite de*
M. O. Troude.

NAUFRAGE DU BRIG *LA JEUNE-SOPHIE*

Le brig *la Jeune-Sophie*, d'environ 280 tonneaux, capitaine Devaux, monté par quinze hommes d'équipage tant officiers que matelots et douze passagers, au nombre desquels était M. le comte d'Amerval, armateur, avait été expédié du Hâvre, le 28 mai 1817, pour les îles de France et de Bourbon, avec une riche cargaison. Les contrariétés dont il avait été assailli, les coups de vent qu'il avait essuyés, avaient retardé sa marche et l'avaient contraint de s'écarter de sa route, lorsqu'un affreux événement vint réduire au désespoir son malheureux équipage.

Le 6 août 1817, vers 2 heures de l'après-midi, la *Jeune-Sophie* se trouvant par 20° 25' de latitude S. et 26° 25' de longitude O., le besoin d'eau-de-vie força d'ouvrir un des panneaux de la cale, afin d'en retirer un baril placé à l'entrée de la chambre. Aussitôt quelques passagers se plaignirent d'être incommodés par la fumée qui sortait de la chambre; mais comme on pensa qu'elle provenait de la cuisine, on ne fit que peu d'attention à leurs observations. Toutefois, comme la fumée augmentait toujours, portant avec elle une odeur de brûlé, on fit d'exactes recherches, et son épaisseur, dans un office attenant à la dernière cabine de bâbord, fit croire que le feu y avait été mis par la négligence du mousse qui, seul, y entrait avec de la lumière. L'office fut de suite vidé et abattu, et l'on reconnut que le foyer de l'incendie n'était pas dans cette partie du navire. Le panneau fut ouvert de nouveau, et l'on acquit alors la triste conviction que la fumée provenait de la cale; on crut même qu'un paquet d'étoupes, à travers lequel elle filtrait, recélait les principes du feu, et, dans cette croyance, on le couvrit d'eau. Vains efforts! S'épaississant de plus en plus, au point d'asphyxier ceux qui pénétraient dans la chambre ou dans l'entre-pont, la fumée sortait par tourbillons.

Désespérant du salut du navire et voyant combien l'air activait le feu, les officiers firent promptement refermer les écoutilles et les

4.

firent couvrir de voiles, couvertures et matelas
mouillés que l'on se mit alors à arroser sans
relâche. Quelques hommes se précipitèrent dans
la cambuse et parvinrent, au péril de leur vie,
à sauver un petit sac de biscuit qui, avec quatre
barils de galère pleins d'eau et quelques poules,
formait toutes les ressources de ces vingt-sept
malheureux.

On commença enfin à réfléchir avec plus de
calme. Toute l'horreur de la situation se peignit
avec force à l'imagination de chacun, et l'on
s'aperçut avec douleur qu'en fait d'instruments
de navigation, on n'avait plus que deux bous-
soles et un octant ; du reste, aucun livre, aucune carte qui pût guider les officiers dans leur
marche. D'un autre côté, une mer terrible ne
laissait aucun espoir de sauver vingt-sept personnes dans deux embarcations dont la plus
grande n'aurait pu en contenir que douze, et
qu'il serait même devenu impossible de hisser
au-dessus de la lisse et de mettre à la mer si la
mâture minée par le feu était venue à tomber
comme on s'y attendait à chaque instant ; quant
au petit canot, son exiguïté et la violence de la
mer le rendaient absolument inutile.

On se mit à pomper, et l'on acquit bientôt
la certitude que le vitriol, qui sortait de la
pompe, était la cause de l'incendie. Il fut alors

facile d'expliquer tout à la fois l'absence de
flammes dans le feu, l'odeur sulfureuse qui en
provenait et les nombreuses asphyxies qui
avaient déjà eu lieu.

On tint enfin conseil. En raison de l'immi-
nence du danger, le capitaine crut que le seul
parti à prendre était d'essayer de se rendre à
l'île déserte de la Trinité, distante d'environ
100 lieues, et de gagner ensuite l'île de l'Ascen-
sion ou même Rio-Janeiro, suivant les progrès
plus ou moins rapides du terrible élément dont
on ne pouvait qu'imparfaitement apprécier la
violence et l'intensité. Tout le monde se rangea
à son avis.

Ce ne fut que le 8, à minuit, que l'on eut
connaissance de l'île de la Trinité. On mit en
travers jusqu'au lendemain matin, à 6 heures :
on s'assembla alors pour tenir conseil, et le
désir de sauver le navire ainsi que sa cargaison,
la certitude enfin de périr de faim sur la roche
stérile qu'on avait en vue, décidèrent à continuer la route en se dirigeant sur l'île de l'As-
cension. Le même jour, vers les 11 heures du
matin, étant dans l'ouest de la Trinité, à la distance d'environ 14 lieues, on s'aperçut que les
chevilles des porte-haubans de l'arrière à bâbord
étaient rouges et que la fumée sortait entre les
préceintes. Cette affreuse découverte causa une

consternation générale. Enfin, on vira de bord, et l'on entreprit de lutter contre les vents contraires pour revenir à l'île de la Trinité. Par cette manœuvre, le côté du navire le plus endommagé se trouva élevé de beaucoup au-dessus de la mer, et l'on essaya de remédier à cet inconvénient en couvrant de matelas mouillés les parties attaquées. Des hommes, attachés avec des cordes en dehors du navire, étaient successivement chargés d'arroser sans interruption ces matelas et la hanche du navire.

Obligé de lutter contre le vent et les lames, le navire tanguait horriblement. Les mâts, ébranlés par le tangage, presque consumés au pied, menaçaient à tout moment d'entr'ouvrir le pont par leur chute et, donnant ainsi un libre passage à l'air, de causer un embrasement général ; on n'eut alors d'autre moyen que de les saisir fortement avec des caliornes. Ce fut dans cette position que l'on aperçut pour la seconde fois l'île de la Trinité pendant la nuit du 9 au 10.

Le 10 au matin, les officiers visitèrent toutes les baies de l'ouest de l'île. Aucune ne présentant de mouillage, il fut décidé qu'on en chercherait une un peu plus au large. L'ouverture de l'entre-pont où étaient les câbles, pouvant entraîner la perte du navire, en donnant passage à l'air qui activerait le foyer de l'incendie, et la violence du feu faisant présumer avec raison que ces mêmes câbles étaient réduits en cendres, on en tressa un en toute hâte au moyen des plus forts cordages que l'on avait sous la main. L'ancre fut mouillée ; mais, peu d'instants après, le câble fut coupé par les roches.

Le capitaine, voyant alors que la perte du navire était inévitable, envoya le maître charpentier pour sonder en dehors les parties embrasées. Ce maître annonça à son retour que les bordages étaient réduits de 4 pouces à environ 3 lignes d'épaisseur : que les coutures étaient vides et que la fumée sortait même par les bordages au-dessous des préceintes. Chacun se convainquit par lui-même de la vérité du rapport du maître charpentier. Il fut en conséquence résolu que le navire serait échoué dans la baie au N.-O. de l'île de la Trinité, afin qu'on pût en retirer quelques vivres. Le 10, à 4 heures du soir, le navire fut mis à la côte et sabordé de suite à sa flottaison à bâbord ; six heures plus tard, l'eau remplissant l'entre-pont, on reconnut que le feu était éteint.

Ce ne fut pas sans une vive satisfaction qu'après avoir lutté pendant cent soixante-treize heures, et par un temps affreux, contre deux éléments terribles, les vingt-sept naufragés se trouvèrent enfin auprès de la terre ; mais, lorsque ce premier moment fut passé, l'idée de n'avoir échappé aux flammes ou à une mer furieuse, que pour périr de faim sur un rocher désert et stérile, vint s'offrir à eux ; et la vue de cette terre aride où ils devaient probablement finir leurs jours, loin de tous les objets qui attachent l'homme à la vie, changea bientôt cet instant d'ivresse en une douleur amère.

La journée du 11 fut employée à construire un va-et-vient pour porter à terre le peu de vivres que l'on put recueillir.

Dans la soirée et la nuit du 12 au 13, les vents ayant passé au S.-O., la mer devint extrêmement grosse, les vagues se succédèrent sans interruption, et treize personnes, tant officiers que matelots et passagers, que la violence du ressac empêcha d'aller à terre, n'eurent d'autre ressource que de se jeter dans la chaloupe et de gagner le large, ayant pour toutes provisions deux poignées de miettes de biscuit, sept pots d'eau douce et un baril de beurre salé qui, après l'ouverture du navire, à 3 heures du matin, fut trouvé en pleine mer.

Le 13, dans la matinée, les naufragés qui étaient à terre, ne voyant pas la chaloupe, côtoyaient tristement le rivage, s'attendant à y trouver les cadavres de ceux qu'elle portait, lorsqu'à 9 heures ils aperçurent cette embarcation dont un énorme rocher leur avait jusqu'alors dérobé la vue. Les signes de détresse des treize malheureux firent connaître dans quel absolu dénuement de vivres ils se trouvaient. La mer, brisant avec furie contre les rochers, ne permettait pas, même aux meilleurs nageurs, d'établir la moindre communication entre la chaloupe et la grève. Vingt expédients furent tentés; aucun ne réussit. Un baril de beurre salé, fondu et imprégné de vitriol, telle était la seule nourriture qu'eussent désormais treize personnes réduites, pour prolonger leur existence, à faire usage de cet aliment nauséabond et malfaisant.

Enfin, le 15 août, sur les 2 heures après midi, un peu de calme permit d'envoyer des vivres à la chaloupe et de changer les personnes qui s'y trouvaient. Tous furent obligés de se jeter à la mer, à 35 brasses du rivage. Ceux qui ne savaient pas nager furent attachés sur un baril de galère et hâlés ainsi, avec une corde, chacun à son tour, sur les roches où la mer déferlait avec fureur. La crainte de perdre les embarcations nécessaires au salut de tous empêchait d'approcher davantage d'une côte inconnue.

Le 20 août, insensibles à la crainte de périr sur une frêle embarcation, persuadés d'ailleurs que tel serait bientôt le sort des malheureux qui resteraient sur ce rocher désert, le capitaine Devaux, le lieutenant Girette, le comte d'Amerval, et cinq matelots s'embarquèrent dans la chaloupe, résolus, malgré une mer houleuse et une distance de 240 lieues, à aller solliciter à Rio-Janeiro les secours du consul de France pour leurs compagnons d'infortune.

Dix-neuf personnes restaient encore dans l'île, presque sans vivres, sans armes pour s'en procurer, sans poudre — elle avait été jetée à la mer dans le premier moment de l'incendie — sans médicaments. Là devait bientôt, selon toute apparence, se terminer leur vie ; mais la nécessité leur donnant les forces et le courage nécessaires, les plus agiles de ces infortunés gravirent les rochers à pic au milieu desquels ils étaient en quelque sorte prisonniers. Armés de bâtons faits à l'aide des débris du navire, ils attaquèrent d'énormes sangliers jusque sur la cime de rochers escarpés. Suspendus, à bien dire, au-dessus de précipices affreux, ils étaient exposés à y être jetés par le moindre choc, par un faux pas ou un coup mal asséné, à perdre l'équilibre et à rouler sur un lit de roches aiguës, où leurs corps seraient parvenus en lambeaux. C'est au prix de ces dangers qu'ils purent se procurer quelques aliments.

La chaloupe s'était éloignée depuis trente jours. Les vivres étaient presque épuisés sur l'île, et le seul filet d'eau qu'on eût trouvé menaçait d'être tari par la sécheresse, lorsque, le 21 septembre, un navire fut signalé au large. La route qu'il suivait fit croire qu'il était envoyé par le capitaine Devaux. Toutefois, comme il était possible qu'il n'en fût pas ainsi, on lui fit des signaux. Le canot fut mis à la mer, et quatre hommes, s'y jetant en toute hâte, parvinrent à accoster le navire. Ce navire continuait la bordée qu'il courait en longeant la côte ; cette manœuvre fit craindre aux naufragés qu'ils ne fussent le jouet d'une illusion, et ils en éprouvèrent une douleur d'autant plus grande, qu'ils s'étaient crus plus près de leur délivrance. Immobiles, les yeux fixés sur le navire, ils semblaient avoir perdu l'usage de leurs facultés, lorsqu'enfin ils le virent virer de bord et hisser le pavillon américain à son grand mât. Le canot revint peu de temps après avec une lettre annonçant que le capitaine prendrait les naufragés à son bord, et que son navire était le brig *Mary-Elisa*, de Salem (Massachusett's), qui se rendait à Sumatra, mais qui se détournerait de sa route pour les déposer au cap de Bonne-Espérance. La noble conduite du capitaine Joseph Beadle, pendant les trois semaines que les naufragés passèrent à son bord, ses prévenances, ses délicates attentions ne contribuèrent pas peu à les remettre de leur épuisement et à atténuer le souvenir des angoisses qu'ils avaient éprouvées. Le 16 octobre, le brig américain mouilla dans la baie de la Table, et, le lendemain, les naufragés descendirent dans la ville du Cap. Dans la soirée, on les prévint qu'un navire français les attendait à Simon's Bay. Ils marchèrent toute la nuit, et arrivés de 18 à Simon's Town, ils s'embarquèrent immédiatement sur la flûte *la Normande*, commandée par le capitaine de frégate Ducrest de Villeneuve, qui ramenait en France M. le comte Bouvet de Lozier, maréchal de camp, revenant avec sa famille et plusieurs officiers de l'île Bourbon dont il était gouverneur depuis trois ans. Le commandant, le général Bouvet de Lozier, les officiers de la flûte et les officiers coloniaux passagers prodiguèrent aux naufragés, pendant toute la traversée, les preuves de la plus vive sollicitude.

Quant à la chaloupe, elle était parvenue, le 31 août, à Rio-Janeiro, d'où le gouvernement portugais, sur les instances du consul de France, avait expédié, le 6 septembre, le navire *Marie-Émilie*, pour recueillir les dix-neuf individus

restés sur l'île de la Trinité. A bord étaient le
capitaine Devaux et les cinq matelots de la *Jeune-
Sophie*, lesquels, à leur arrivée dans l'île, le 27,
n'y trouvèrent que les restes de l'habitation
temporaire que s'étaient construite leurs compagnons et une lettre que l'un d'eux, M. Du-
ranton, ex-capitaine d'infanterie, avait écrite à
l'adresse du capitaine Devaux, le 21 septembre,
pour lui faire savoir, à tout événement, que lui
et les dix-huit autres naufragés restés dans l'île
avaient profité de l'offre généreuse du capitaine
Joseph Beadle.

NAUFRAGE DE LA FLUTE *LA CARAVANE*

La flûte de la marine de l'État *la Caravane*, capitaine Le Normant de Kergrist, lieutenant de vaisseau, se trouvait, le 21 octobre 1817, à près de 20 lieues dans l'est du Vauclain (Martinique), et faisait route à l'ouest, sous petites voiles, avec bonne brise du nord, et temps clair, lorsque, le 22, à une heure et demie du matin, le vent augmenta et le temps s'obscurcit ; le capitaine fit aussitôt prendre la cape sous la misaine, le petit foc et le grand hunier, le bord au large. A 3 heures, le vent augmenta de nouveau ; on fit route à l'est, afin de s'éloigner de terre dans le cas d'un coup de vent. On faisait dix nœuds quand on fut obligé de serrer le grand hunier. Le capitaine fit dès lors gouverner au S.-E., transfiler toutes les voiles sur leurs vergues, et tout fut préparé pour recevoir le coup de vent qui s'annonçait.

A 6 heures et demie, les mâts de hune tombèrent, la misaine et le petit foc furent enlevés.
On coupa alors le mât d'artimon dont la chute
n'empêcha pas le bâtiment de venir en travers ;
les faux sabords furent enfoncés, la batterie
remplie, et l'on trouva dix pieds d'eau dans la
cale. Ordre fut donné de couper le grand mât,
et le bâtiment fut soulagé. On avait l'espoir de
conserver le mât de misaine, mais bientôt un
tourbillon l'enleva ; dans sa chute, il cassa les
jas des deux ancres et même le bossoir de tribord ; les câbles de ces deux ancres furent coupés, dans la crainte que les bosses et saisines
ne vinssent à manquer.

On parvint à dégager le gréement du mât de
misaine ; celui des deux autres mâts était rendu
libre depuis longtemps : aussi leurs tronçons
ne fatiguèrent-ils point l'extérieur du bâtiment.
Les saisines des drômes et du grand canot
avaient été doublées sur le pont ; toutes les
pompes garnies et les voiles de rechange doublées et clouées sur les panneaux ; enfin, pour
le moment, il n'y avait plus qu'à s'occuper de
pomper et d'épisser les câbles coupés.

A 4 heures du soir, le capitaine eut la satisfaction de voir les pompes étanches et le bâtiment ne faisant point d'eau ; mais, à 5 heures,
quelle fut sa surprise lorsqu'il aperçut la terre

à moins de 3 lieues sous le vent. Ses deux extrémités furent relevées, l'une au S.-O., l'autre
au N.-O. du compas. Les vents avaient soufflé
du N. au S.-O. dans l'ouragan, et la *Caravane*
était rapportée à terre avec une force incalculable par la lame et les courants. Le vent était
alors au S.-E., et le bâtiment lui présentait le
côté de bâbord ; ainsi que la mer, qui était très
houleuse, il le jetait dans le N.-O. Ce concours
de contrariétés obligea à laisser arriver de manière à doubler la pointe relevée au S.-O., reconnue pour la pointe d'Enfer. Le grand canot,
qui était sur le drôme, fut mâté, et, à l'aide de
ses voiles et d'un perroquet établi sur un mâ-
tereau, le bâtiment arriva. On le tint gouvernant
jusqu'à ce que le vent, déjà beaucoup tombé,
passant à l'E.-S.-E. et ensuite à l'est, enlevât
l'espoir de le sauver. Le vent et surtout la mer
le jetèrent rapidement en travers sur une côte
garnie de récifs s'étendant à plus d'une demi-
lieue de terre, et sur laquelle le hasard seul pouvait faire rencontrer un mouillage. On ne cessa
de sonder. Enfin, à 9 heures et demie, ayant
trouvé un fond de sable par 9 brasses d'eau, à
une encâblure et demie des récifs qui formaient
une longue chaîne suivant le gisement de la
côte, et qu'il était impossible de doubler, le capitaine se décida à mouiller les quatre ancres ;

deux tinrent bon un instant, mais la violence
de la mer les fit bientôt chasser, et la *Caravane*
tomba en travers sur les récifs. Les lames qui
la couvraient déferlaient avec une telle force,
qu'en dix minutes elle fut séparée en trois parties. L'avant jusqu'aux passavants fut emporté
à une portée de fusil de la poupe, et le centre à
petite distance, sur les récifs. Dans ce moment
horrible, plusieurs personnes furent enlevées
par la mer et les débris ; il était alors environ
minuit, et la nuit était assez obscure pour qu'on
ne distinguât pas le rivage.

N'ayant pas l'espoir de sauver tout l'équipage, le capitaine laissa libres ceux qui avaient
dû suivre les débris sur lesquels un très petit
nombre parvint à terre. La plus grande partie
resta cependant près du capitaine, sur l'arrière
du bâtiment, où tous passèrent une nuit affreuse,
couverts par la mer et menacés à tout instant
d'être emportés par les lames qui se succédaient
rapidement. Le jour parut enfin, et le capitaine
reconnut qu'avec de l'ordre et du courage, il
serait possible de sauver même les enfants. Il
désigna des maîtres et des matelots pour travailler, sous la direction des officiers, à la construction de petits radeaux ; un canot, qui avait
été jeté en travers sur l'arrière, fut mis à la
mer et, pour ainsi dire, transporté par les ma-

telots au delà des récifs. A 10 heures du matin, trois femmes, leurs enfants et plus de quarante hommes étaient à terre. A 3 heures de l'après-midi, il ne restait avec le capitaine que dix-huit personnes. La mer étant devenue très grosse, il prit la résolution d'abandonner, avec ces malheureux, la poupe du bâtiment pour se placer sur ce qui restait du centre, au milieu des récifs, afin d'y passer la nuit, le canot n'étant plus en état de leur porter du secours avant d'être réparé. Il s'était établi au milieu de ces débris, lorsqu'une pirogue armée par des nègres, la seule qui fut restée aux environs, vint dans les brisans pour sauver les dix-neuf personnes qui s'y trouvaient. Quelques planches furent amarrées et formèrent sur les dangers une espèce de pont au moyen duquel elles gagnèrent la pirogue qui, en trois voyages, les mit toutes à terre.

Neuf hommes avaient péri. De ce nombre était M. Siméon, jeune enseigne qui promettait à la marine un officier distingué. Les officiers et l'équipage avaient rivalisé de courage et de dévouement. M. le lieutenant de vaisseau Fournier, second du capitaine, constamment occupé des moyens de transporter au delà des récifs les femmes, les enfants et les personnes qui ne savaient pas nager, avait été sauvé lui-même

par un matelot au moment où, épuisé de fatigue, il coulait dans les brisans. L'enseigne Lespert, qui, au moment de la séparation du bâtiment, avait été emporté par les débris et avait
eu le bonheur de gagner la terre avec plusieurs
personnes, s'était empressé, malgré ses blessures, de se jeter au secours des malheureux
qui n'avaient plus la force d'atteindre le rivage,
et c'est à lui qu'on avait dû l'envoi de la pirogue. L'enseigne Le Grandais avait fait quatre
voyages, escortant à la nage, au milieu des récifs, les frêles radeaux sur lesquels on ne pouvait placer qu'une seule personne à la fois ; il
avait ainsi contribué particulièrement à sauver
deux femmes et un enfant ; à bout de forces,
il avait été embarqué. L'élève Cléry, emporté à
la mer en même temps que M. Lespert, s'était
accroché à une partie des débris, y avait passé
la nuit avec quelques hommes, et les avait conduits à terre le lendemain au moyen d'un radeau
que lui et M. Rosé, commis aux revues, avaient
établi. Le contre-maître Paulin avait conduit au
delà des récifs un enfant et sa malheureuse
famille.

Les naufragés arrivèrent à terre entièrement
nus, brûlés par l'ardeur du soleil et couverts
de contusions. Quoique très souffrant lui-même,
M. le chirurgien-major Boursin se multiplia

pour soigner les malades et les blessés. L'ouragan avait dévasté la colonie, et ses habitants étaient en grande partie ruinés. Quoi qu'il en soit, ils ne songèrent pas à leur propre situation, et beaucoup d'entre eux, à l'exemple de MM. de Puyféral, de Blancroix, de Rainville et Porée offrirent aux naufragés une hospitalité qui leur permit de se remettre de leurs fatigues et de leurs blessures.

Le roi, sur la proposition du ministre de la marine, nomma chevaliers de la Légion d'honneur MM. Fournier, Le Grandais, Lespert et le contre-maître Paulin. Le capitaine Le Normant de Kergrist, traduit le 8 avril devant un conseil de guerre, fut acquitté honorablement. Déjà chevalier de Saint-Louis, il fut nommé chevalier de la Légion d'honneur le 6 mai suivant.

NAUFRAGE DU NAVIRE *LE NEPTUNE*

———

Le navire *le Neptune*, de Boulogne, de 150 tonneaux et huit hommes d'équipage, capitaine Lebeau, partit de Cette, le 20 décembre 1821, à 7ʰ 1/2 du matin, chargé d'eau-de-vie, de vins et d'esprits. Le temps était beau et le vent au S.-O. Une heure après, il ventait grand frais ; le lendemain et toute la journée du 22, le temps fut superbe. Ces débuts étaient d'un heureux présage ; hélas ! il était trompeur. Moins de deux jours après, le navire était englouti ; il entraînait avec lui dans l'abîme sept des hommes qui le montaient. Un seul devait survivre, c'était le matelot Bouret que nous allons laisser raconter lui-même (1) les dangers et les angoisses qu'il éprouva pendant treize jours consécutifs.

(1) Rapport de Benigne Bouret à M. le commissaire de la marine chargé en chef du service à Marseille (*Annales maritimes et coloniales*, de 1822, 2ᵉ partie, t. Iᵉʳ, pages 276-283).

« Le 23, la mer était affreuse, les vents toujours dans la même direction, le ciel couvert de nuages. Le 24, la tempête devint terrible ; nous étions alors à peu près par le travers de Barcelone, à 10 lieues environ de la côte, d'après ce que j'entendis dire au capitaine. Sur les 7 heures, on aperçut le feu Saint-Elme sur la girouette du grand mât. Je considérais ce phénomène, que je voyais pour la première fois, et que mes camarades disaient être un présage funeste, lorsque nous fûmes totalement éblouis par un éclair épouvantable qui dura environ deux secondes. Le capitaine ordonna à tout l'équipage de monter sur le pont : il fit serrer le petit hunier et la brigantine, et virer de bord sur la misaine, le grand hunier et le petit foc. Après avoir abattu, nous allions vent arrière. .

A 8 heures, le capitaine envoya du monde se coucher. L'obscurité était profonde ; de grands éclairs, accompagnés de violents coups de tonnerre à une certaine distance, jetaient, de moment en moment, une lueur lugubre sur cette horrible scène. On commença à pomper continuellement, présumant que la pompe suffirait pour affranchir le navire. Un peu plus tard, on s'aperçut que, dans la cale, une pièce d'eau-de-vie s'était dérangée ; le capitaine et le second s'y transportèrent, la pièce fut arrimée de nouveau ; un instant après, on entendit rouler plusieurs barriques sans qu'il fût possible d'y porter remède.

Le vent devenait toujours plus violent. A 9 heures et demie, je m'approchai de la pompe. Le navire était fortement incliné, recevant des coups de mer terribles, qui faisaient à bord un fracas épouvantable. Quelques minutes après, je m'aperçus que nous tombions toujours plus sous le vent et, regardant du côté opposé, je vis cette partie du navire s'élever ; je m'y élançais pour saisir les haubans, lorsque j'entendis le lieutenant prononcer ces mots : « Voilà le navire !... » et une autre voix : « Ah ! mon Dieu !... » Au même instant tout fut englouti.

Dans cet affreux moment, me tenant toujours amarré, je ne conservai qu'une légère lueur de connaissance que je perdis bientôt totalement. Je ne sais combien de temps je restai dans cet état. Enfin, le navire s'étant relevé, le mouvement de l'eau qui coulait sur ma figure me fit reprendre mes sens. J'ouvris les yeux : je revis les éclairs sillonnant d'horribles nuages que le vent faisait rouler avec rapidité sur ma tête, et ma première pensée s'éleva en actions de grâces vers le ciel.

Je serrais toujours fortement les haubans ; le devant de mes jambes était écorché par les

efforts que j'avais faits pour me retenir. Je
montai jusqu'à la grande hune, appelant à plusieurs reprises pour demander ce que j'avais à
faire.

Personne ne répond..... J'appelle encore ;
quelques gémissements lointains parviennent
jusqu'à mon oreille ; ils se perdent bientôt dans
le bruit de la tempête. J'étais glacé d'effroi. Cependant une voix semble articuler quelques
mots que je ne puis comprendre. Alors je des-
cendis sur le côté du navire qui se trouvait hors
de l'eau, dans les moments où les lames ne l'i-
nondaient pas, et j'aperçus le novice, nommé
Voisin, assis sur les haubans ; le chien du
bord était à côté de lui. Il serra tristement
ma main en me disant : « Il paraît que tous
nos camarades ont péri ; mais qu'allons-nous
devenir ! »

Vers les 11 heures, le mât de misaine et le
beaupré rompirent à quelques pieds au-dessus
du pont ; le mât de hune désempara également,
et le grand mât resta seul avec sa hune. Le navire, soulagé de ce poids, se releva un peu, et
nous montâmes tous deux dans la hune. Je tra-
vaillai à détacher la grande vergue dont la voile
était déferlée ; je coupai, avec mon couteau, les
manœuvres qui la retenaient, et je parvins à faire
tomber le tout sur le pont. Succombant à la fa-

tigue, tout mouillés, quoique dans ce moment les vagues ne montassent pas jusqu'à nous, nous nous amarrâmes dans la hune, et nous nous abandonnâmes au sommeil.

Le temps fut le même pendant toute la journée du 25. Nous ne pûmes pas descendre sur le pont, à cause des vagues qui le couvraient de temps en temps avec la plus grande violence. Nous voyions les barriques qui sortaient de la cale, et se brisaient bientôt après. Nous apercevions deux brigs à la distance de quelques lieues, louvoyant à la cape. Le temps, couvert de nuages, s'éclaircissait par moments ; nos vêtements étaient secs ; l'espérance que ces navires se rapprocheraient de nous nous fit passer la nuit assez paisiblement.

Le 26, nous vîmes un brig que je présumai être un de ceux de la veille courant sur nous ; nous eûmes quelques moments de joie. Dans l'après-midi, il nous passa sous le vent, assez près. Il était à la cape, comme la veille. Nous voyions le monde à bord. Il paraît que nous ne fûmes pas aperçus, car bientôt nous le vîmes s'éloigner et disparaître. Sur le soir, le temps étant devenu assez clair, nous crûmes reconnaître dans l'horizon deux pointes de terre.

Après une nuit très agitée, nous revîmes la lumière. Hélas ! elle ne venait plus éclairer que nos douleurs qui bientôt allaient nous plonger dans une nuit éternelle.

Vers le milieu du jour, apercevant une capote le long du bord, je me disposai à descendre pour la dégager, malgré les lames qui couvraient toujours le navire. Nous voyions aussi, par l'ouverture de la chambre, une barrique que la mer n'avait pu encore en faire sortir, et qui flottait à peu près au niveau du pont. J'engageai le novice à descendre avec moi pour m'aider à la défoncer; il ne le pouvait pas, se sentant trop faible et ayant les pieds enflés par le froid. Arrivé sur le pont, je fus obligé de me cramponner contre le tronçon du mât, pour ne pas être emporté par les vagues. Quand elles se retiraient, j'avançais et je frappais sur la barrique avec un morceau de fer et un bout-dehors de la bonnette ; j'étais, presque aussitôt, obligé de battre en retraite, pour revenir encore. Je vins à bout cependant d'enfoncer le fond de la barrique ; c'était de l'eau-de-vie. Je me hâtai d'y plonger mon chapeau, et j'allais, en le retirant, le porter à mes lèvres, lorsqu'une lame me couvrit entièrement et me fit perdre en un instant tout le fruit de mes peines. Je puisai encore une fois avec mon chapeau dans la barrique, mais la liqueur n'avait plus de force ; à peine pouvait-elle corriger un peu l'amertume de l'eau salée.

Je n'en bus qu'environ la valeur d'un petit verre. Presque désespéré, je remontai dans la hune, tenant la capote sous le bras et mon chapeau à la main. Le novice essaya de boire, mais il ne put le supporter, et nous continuâmes d'être en proie aux souffrances d'une soif dévorante.

Un peu plus tard, nous vîmes le cadavre d'un matelot sortir par la chambre, avec des débris de meubles. Ce malheureux, dont nous enviâmes le sort, avait la tête appuyée sur son bras, comme si la mort l'avait saisi pendant son sommeil. Je voulus descendre pour enlever son gilet, afin de couvrir mon camarade. Il ne le voulut pas, et me dit : « Si la mer vous emporte, que deviendrai-je ! » Malgré ses observations, j'allais descendre; mais le cadavre avait disparu.

Dans l'après-midi, j'inventai une espèce de voile qui porta jusqu'au soir. J'espérais, par ce moyen, m'approcher de terre ; le vent ayant tourné, je fus obligé de l'amener dans la crainte qu'elle ne nous portât au large.

Le 28, la mer était très haute ; elle venait nous envelopper jusque dans la hune ; trempés jusqu'aux os, mourant de faim, de froid et de soif, nos angoisses ne peuvent s'exprimer.

Le chien du bord était resté, depuis le premier jour, sur l'arrière. La mer l'emportait, puis il revenait encore en nageant ; il nous regardait en poussant des cris lamentables. Plusieurs fois il essaya de venir jusqu'au pied du grand mât ; la mer l'emportait toujours. La nuit, surtout, ses hurlements étaient affreux ; ils ajoutaient encore, s'il est possible, aux terreurs qui nous agitaient. Dans cette journée, ses forces paraissaient épuisées ; il luttait contre la mort jusqu'à ce qu'enfin une lame l'engloutit.

Le 29, nous n'aperçûmes, de même que dans les journées précédentes, aucune voile à l'horizon : ainsi point d'espérance. Mon camarade ressentait dans l'estomac des douleurs si cruelles, qu'il me disait que quand même nous serions sauvés, il ne lui semblait plus possible qu'il pût prendre jamais aucun aliment. Me sentant plus de force que lui, et le courage ne m'ayant point tout à fait abandonné, je tâchais de le soutenir et de le consoler. La soif me tourmentait plus cruellement que la faim ; j'ouvrais la bouche pour respirer le vent, espérant trouver quelque soulagement.

Ainsi s'écoulaient le peu de jours d'existence qui nous restaient encore. Quand les souffrances et la mer nous laissaient quelques courts instants de calme, toutes les horreurs de notre position se présentaient à notre imagination. Je pleurais en pensant à ma femme et à mon enfant ; ma femme qui, à mon départ, avait éprouvé des peines si cruelles, semblant pressentir qu'elle ne devait plus me revoir.

Jusqu'au 1ᵉʳ janvier, aucun accident ne rompit la lugubre monotonie de nos douleurs qui toujours allaient croissant. Le vent soufflait avec violence ; le navire s'inclinait fortement. Dans un de ces mouvements, une vague nous passa par-dessus la tête. Quelques instants après, le navire s'étant un peu redressé, nous nous démarrâmes pour nous placer dans la partie de la hune opposée à celle où nous étions, parce qu'elle était moins exposée à être submergée ; quand je fus remonté, je voulus aider mon camarade à venir me joindre ; en me retournant, je ne le vis plus ; il avait été entraîné par la lame. Je lui jetai de suite un bout de corde qu'il saisit ; mais bientôt, d'une voix défaillante, il me dit : « Mes efforts sont inutiles ; je ne puis résister à mes souffrances ; je veux mourir. » Il abandonna la corde, et disparut.

Ainsi je restai seul dans une espèce d'anéantissement total ; je ne savais si j'existais encore. Sur le soir, ma bouche était si sèche que je ne pouvais plus respirer ; j'étouffais. Je bus mes urines dans mon soulier.

Le 2 janvier, j'eus encore assez de force pour descendre par les haubans ; je pris de l'eau, et m'en lavai la figure, la bouche et les mains. Je sentis quelque soulagement.

Ainsi neuf jours s'étaient écoulés sans que j'eusse pris aucune espèce de nourriture ; mes forces étaient épuisées. Amarré dans la hune, ne pouvant presque plus faire de mouvements, je ressentais toutes les horreurs d'une affreuse agonie. Continuellement assoupi, des songes pénibles fatiguaient mon imagination presque en délire. Cependant une idée bienfaisante me soutenait encore ; il me semblait voir ma femme et mon enfant qui me disaient de ne pas perdre courage, que je souffrais beaucoup, mais que je serais sauvé. Ce prestige se présentait presque à chaque instant à ma pensée, et jetait quelque lueur sur le reste d'existence que la douleur me laissait encore.

Je passai dans cet état la journée du 3 et la nuit qui la suivit. Ma vue était troublée ; je voyais des feux dans le ciel ; les étoiles me semblaient d'une énorme grosseur ; la clarté de la lune éblouissait mes yeux ; ils ne pouvaient la supporter.

Le 4 janvier, au point du jour, promenant mes regards affaiblis sur l'horizon, je ne pus rien apercevoir. Hélas ! encore un jour de souffrance ! et je retombai dans un profond assoupissement. Je dus rester assez longtemps dans cet état.

Tout à coup il me sembla entendre des voix
qui me disaient : « Lève-toi, tu es sauvé. » Ce
n'était qu'un jeu de mon imagination, çar personne n'était encore auprès de moi. Ces voix
me frappèrent de nouveau. Dans ce moment
j'ouvris les yeux, et je distinguai, non loin de
moi, la voilure d'un navire sur laquelle le soleil
brillait de tout son éclat. Un moment après
une chaloupe s'approcha ; on me démarra et
l'on me transporta à bord ; c'était la galiote
hollandaise *Goodhoope*, capitaine Klein, qui
s'empressa de me faire prodiguer tous les soins
que ma malheureuse situation exigeait. Quand
je fus revenu à moi, on me dit que l'on avait
vu le navire submergé, et que l'on avait cru
que tout le monde avait péri, mais que le capitaine avait ordonné de s'approcher le plus près
possible, afin de s'assurer s'il n'y avait personne à bord. C'est à cette généreuse résolution
que je dois la vie. Après quelques jours encore
de navigation, nous arrivâmes à Toulon, où le
navire, à cause de moi, fut soumis à une quarantaine ; ce qui rend encore plus digne d'éloges
l'humanité désintéressée du capitaine, qui ne
craignit pas de s'exposer à des frais pour rendre
un infortuné marin à l'existence. »

Le roi décerna une médaille d'or au capitaine Klein, et le ministre de la marine en ac-

compagna l'envoi d'une dépêche exprimant à
cet estimable navigateur les sentiments de reconnaissance que lui méritait sa généreuse conduite.

NAUFRAGE

DES

BRIGS *L'AVENTURE* ET *LE SILÈNE*

près du cap Bengat

CINQUANTE JOURS DE CAPTIVITÉ DES NAUFRAGÉS EN ALGÉRIE

Au milieu du mois de mai 1830, par suite de départs successifs, la croisière devant Alger ne comptait que deux bâtiments, la frégate *la Bellone*, sur laquelle le capitaine de vaisseau Massien de Clerval, qui commandait la station, avait arboré son guidon de commandement, et le brig *l'Aventure*, capitaine Dassigny.

Depuis son retour de Tunis, *l'Aventure* naviguait de conserve avec la *Bellone* ; mais, soit qu'il craignît le voisinage du brig, soit toute autre raison, le capitaine Gallois, commandant de la frégate, changeait parfois de route pendant la nuit sans faire aucun signal. Dans la nuit du 13 au 14, le vent fraîchit, et vers

2 heures, l'*Aventure* fut obligé de prendre le deuxième ris aux huniers ; le temps était très couvert. Pendant que le brig faisait cette manœuvre, il perdit de vue la frégate qui avait viré de bord sans mettre de feux de position. Il la chercha vainement durant toute la journée du 14. Le 15, au matin, il rencontra le brig *le Silène*, commandé par le lieutenant de vaisseau Bruat ; il venait de Mahon et ralliait la croisière dont il faisait partie. Le capitaine Bruat avait eu, la veille, connaissance de la terre ; mais n'ayant pas rencontré la division, il avait pris le large. Les deux brigs se rapprochèrent et les capitaines conversèrent à la voix.

Le temps, fort couvert depuis plusieurs jours, n'avait pas permis à l'*Aventure* de faire d'observations. M. Dassigny pria M. Bruat de lui donner son point et lui héla le sien. Le *Silène* avait 37° 9' de latitude nord et 0,17 de longitude est. L'*Aventure* avait 37° 13' de latitude nord et 0,16 de longitude ouest. La fatalité voulut que, bien qu'essentiellement différentes, les longitudes eussent le même nombre de minutes ; il ne vint à l'idée de personne qu'elles pussent être de dénominations différentes. Les terminaisons est et ouest se confondirent, et les deux capitaines se crurent sûrs de leur position respective.

Le capitaine Bruat, après avoir annoncé qu'il imiterait la manœuvre de l'*Aventure*, se mit dans ses eaux, et les deux brigs firent route au S.-E., le vent variant du nord au N.-N.-O. Ils coururent ainsi sous les huniers, deux ris pris. Une brume très épaisse permettait à peine à l'*Aventure* de distinguer son compagnon qui se tenait à environ 400 mètres derrière lui. A 6 heures, on gouverna à l'est. D'après les observations, cette route devait faire passer à 9 milles du cap Caxines. Vers 8^h 15, on avait fait environ 7 milles depuis le changement de route, lorsqu'à bord de l'*Aventure*, on sentit une légère secousse, bientôt suivie d'une seconde, et des cris : *Nous touchons !* (1). Presque aussitôt, une grosse lame prit le brig par la hanche de tribord, et le couvrit en entier. Le gouvernail fut soulagé et la dunette démolie. Toutes les personnes qui étaient sur le pont furent renversées et ballottées pendant quelque temps par la mer qui déferlait avec fureur.

Au premier coup de talon, on avait essayé de virer vent devant, mais le brig était échoué de l'arrière et il n'obéit pas à son gouvernail; la mer, le prenant par le bossoir de tribord, le fit

(1) Les deux brigs se jetèrent à la côte par 1° 23' de longitude est, c'est-à-dire à 63 milles d'Alger. Une erreur de 0,13' en latitude et de 1° 5' en longitude fut la cause de ce double sinistre.

tourner en sens opposé, et il resta échoué présentant le côté de tribord au large. Dans cette position, la mer le portait de plus en plus à la côte ; mais la nuit était tellement obscure, qu'il était impossible de rien distinguer. Le navire étant toujours en mouvement, les lames, en le heurtant, le faisaient tomber du côté de terre, et lorsqu'elles se retiraient, il retombait sur l'autre bord. Ces oscillations le fatiguant beaucoup et menaçant d'entraîner la chute de la mâture, chute qui pouvait occasionner de graves accidents, on se décida, sur la proposition de l'enseigne de vaisseau O. Troude, adoptée par le capitaine Dassigny, alors dans sa chambre, à couper les rides des haubans de tribord, et bientôt les deux mâts tombèrent du côté de terre. Personne ne fut blessé. Le bâtiment continua à se balancer sur sa quille jusqu'à ce qu'il eût été porté entièrement hors de l'eau ; les lames n'eurent plus alors assez de force pour le relever. La dernière oscillation le laissa couché du côté du large. L'enseigne de vaisseau Delorme, second du bâtiment, proposa alors de laisser l'équipage se jeter à la nage. M. Troude s'y opposa énergiquement, en citant les naufrages les plus récents dans lesquels les hommes qui s'étaient hâtés de se jeter à la mer avaient presque tous péri. En présence du dissentiment des deux officiers, on alla en référer au capitaine Dassigny qui se rangea à l'opinion de l'enseigne Troude, et fit défendre d'abandonner le bâtiment.

On ignorait absolument où l'on était ; mais les oscillations du brig et une raie blanche, ligne de démarcation des lames sur la plage, faisaient penser qu'on était tout à fait à terre. La position était affreuse ; chacun se cramponnait à la muraille du côté opposé à celui où le navire était incliné, afin d'y trouver plus d'abri lorsque la lame venait à se briser contre lui. Chaque choc faisait craindre aux malheureux naufragés de voir le brig s'entr'ouvrir et d'être jetés pêle-mêle avec ses débris dans une mer mugissante. Puis, par moments, ils renaissaient à l'espoir, alors qu'après avoir été submergés pendant quelques secondes, ils pouvaient respirer librement et sentir encore le bâtiment sous leurs pieds. Ils délibéraient sur ce qu'ils avaient à faire, quand l'approche d'une nouvelle lame, annoncée par un mugissement toujours croissant, les avertit de se mettre à l'abri. Quatre heures se passèrent dans cette alternative de vie et de mort. Enfin, à force de regarder, on crut distinguer la terre, et un matelot, bon nageur, s'offrit pour aller la reconnaître ; il y fut autorisé. Quel fut son étonnement, lorsqu'il

plongea, de sentir la terre sous ses pieds ! Quand
la mer se retirait, il ne restait pas plus de
1 mètre à 1ᵐ 50 d'eau dans l'endroit où le
brig était échoué. Des va-et-vient furent établis,
et bientôt tout l'équipage fut à terre.

On eut le bonheur de ne perdre personne
dans ce naufrage, et ce fut d'autant plus extraordinaire que, pendant les dernières heures qu'on
était resté à bord, le brig présentait son pont
aux lames qui venaient s'y briser en déferlant.
Entre minuit et une heure, il était évacué.

Au premier coup de talon de l'*Aventure*, on
avait songé au *Silène* que l'on avait perdu de
vue. Le capitaine Dassigny ordonna de tirer un
coup de canon. L'exécution de cet ordre fut
impossible ; on ne put trouver d'amorces, la dunette dans laquelle on les plaçait ayant été totalement défoncée par la mer. Plus tard, on crut
apercevoir le *Silène* dans un point fixe ; on ne
se trompait pas. L'impossibilité de tirer le coup
de canon fut un bonheur pour les naufragés de
l'*Aventure*, car sa détonation eût infailliblement
attiré sur le rivage les Bédouins qui les eussent
empêchés d'effectuer leur débarquement. Toutefois, quand on considère le dénouement de
ce malheureux drame, on se prend à se demander s'il n'eût pas été plus avantageux à ses victimes d'être forcées de rester à bord ; leurs

souffrances n'eussent pas été plus grandes, mais leurs pertes auraient été moindres.

Descendu à terre l'un des premiers, l'enseigne Troude se dirigea avec quelques hommes le long du rivage, du côté où l'on avait cru apercevoir le *Silène*. Il le trouva échoué sur la plage, un peu plus au large que l'*Aventure*, duquel il présentait l'avant ; il était incliné du côté de terre. M. Troude et ses compagnons parvinrent, mais non sans peine, à se faire entendre ; le bruit du vent et de la mer couvrait leurs voix. Le capitaine Bruat se détermina à attendre que son brig fût porté plus à terre pour opérer le sauvetage de son équipage, ce qui eut lieu vers le milieu de la nuit. Un seul homme fut emporté par la mer. Tout l'argent qu'il y avait à bord fut sauvé. Peut-être eût-il mieux valu qu'il n'en eût pas été ainsi, car sa possession causa une partie des humiliations et des mauvais traitements que les naufragés eurent à subir plus tard.

Quand les deux équipages furent réunis, ils cherchèrent un abri contre le vent glacé du nord afin d'y attendre le jour. Ils le trouvèrent dans un petit bosquet touffu, situé près du rivage, dans un marais desséché. Heureux d'avoir échappé à une mort imminente, ils se félicitaient réciproquement, oubliant qu'ils se trouvaient

sur une terre barbare et inhospitalière, et qu'ils
avaient tout à redouter de la férocité des Kabyles ; mais à mesure que les sens se réchauf-
faient, la raison faisait apprécier les dangers
de la situation. Au jour, les naufragés allaient
être assaillis par les Arabes descendus des montagnes à la vue des deux brigs ; il fallait prendre un parti. Les officiers des deux états-majors
furent réunis en conseil ; on examina la situation et l'on discuta les moyens à employer pour
en sortir. L'idée première fut de se défendre ;
le second parti, de se rendre à Alger et de s'y
constituer prisonniers. Le premier moyen n'était
pas praticable ; il exigeait des armes, des munitions, des vivres, toutes choses qui manquaient absolument. Des corvées furent envoyées à bord des deux brigs, pour voir quelles
ressources ils pouvaient offrir. On ne put monter
à bord de l'*Aventure* ; le *Silène*, qui était tombé
du côté de terre, offrait moins de danger, mais
il était plein d'eau, et les armes avaient été emportées par la mer.

La défense reconnue impossible, on se mit
en marche vers l'ouest, la configuration de la
côte faisant penser que la ville d'Alger se trouvait dans cette direction.

Laissons maintenant la parole à l'un des acteurs de ce triste drame, à l'enseigne O. Troude,

qui, recueillant, à quelques mois de là, ses souvenirs récents, les a consignés dans la relation suivante (1) :

« A peine avions-nous fait quelques centaines de pas que des cris affreux se firent entendre, et nous aperçûmes une troupe de Kabyles armés qui se dirigeaient vers nous. Par bonheur, il y avait à bord du *Silène* un Maltais, nommé Francisco, pris, quelque temps auparavant, par ce brig dans un bateau de pêche devant Oran. Cet homme était depuis plusieurs années au service de la régence et connaissait parfaitement la langue du pays et ses habitants. Il s'avança seul vers ces Bédouins qui couraient sur nous en nous menaçant de leurs armes ; il leur dit que nous étions Anglais, et qu'ayant fait

(1) M. O. Troude, aujourd'hui officier supérieur de la marine en retraite, a consacré vingt années à la recherche et à la mise en œuvre des matériaux qui lui ont servi pour rédiger un ouvrage en quatre volumes in-8º, intitulé : *Batailles navales de la France*. L'éditeur est M. Challamel aîné, libraire des bibliothèques des équipages et des aumôniers de la flotte, commissionnaire pour la marine, les colonies, l'Orient et, à ces divers titres, éditeur ou détenteur des ouvrages qui, sous un rapport quelconque, concernent la marine, les colonies et l'Algérie, ce qui le rend le commissionnaire ou l'intermédiaire naturel de toute personne désireuse de se procurer les livres traitant de ces matières. Les *Batailles navales* forment un des articles les plus importants de son catalogue. En effet, composé sur des documents authentiques puisés aux archives de la marine — les rapports des commandants en chef et des commandants particuliers, documents

naufrage pendant la nuit, nous désirions être conduits à Alger. Les Bédouins parurent douter de ce qu'il avançait; mais la vue des yatagans et des poignards dont on le menaçait ne l'émut nullement, et sa bonne contenance finit par les convaincre.

Après une courte délibération, les Bédouins nous firent prendre une direction perpendiculaire à la plage, et qui conduisait dans l'intérieur. Le chemin qu'on nous faisait suivre nous éloignait de notre but; mais, incapables de résister à une masse d'hommes exaspérés qui nous menaçaient, nous nous résignâmes. Chemin faisant, ils nous dépouillèrent, mais sans nous faire éprouver d'abord de mauvais traitements. Lorsque nous passions près d'un village, les

conférés avec les publications faites à l'étranger — cet ouvrage est le correctif nécessaire de maintes histoires plus ou moins fantaisistes de la marine écrites par des personnes étrangères aux choses de la mer dont elles ne comprennent même pas la langue, ce qui les a conduites parfois à de burlesques quiproquos, dénaturant les faits ou les rendant inintelligibles. Œuvre impartiale, les *Batailles navales* ont un autre avantage, celui de rétablir la vérité, sciemment altérée, dans un trop grand nombre de cas, par l'historien anglais W. James, et leur auteur a ainsi doté la marine française d'un livre qui lui manquait, son histoire écrite par un homme compétent. Ajoutons que, sous le rapport du style, les *Batailles navales* ne peuvent manquer d'être lues avec un intérêt égal à celui des faits qui y sont retracés. Aussi ont-elles eu en France, comme chez les diverses nations maritimes, un succès mérité.

femmes poussaient des cris de joie, se précipitaient sur nous et nous enlevaient quelque chose des rares vêtements qu'on nous avait laissés.

Après deux heures de marche, nous fîmes une halte. On commença alors à nous fouiller; les perquisitions, recommencées par chaque nouvel arrivant, étaient faites avec un soin tout particulier. Tout ce qui nous restait fut enlevé; l'argent débarqué du *Silène* fut pour nous un sujet de vexations continuelles. Cette halte fut assez longue, et nous crûmes un instant que nous étions arrivés au terme de notre voyage. Il y avait en effet quelque temps que nous étions arrêtés, lorsque nous aperçûmes une vingtaine d'Arabes courant sur nous en poussant des cris sauvages et le yatagan à la main. Ces forcenés tombèrent sur plusieurs hommes qu'ils maltraitèrent en les menaçant de leur couper la tête. Furieux d'arriver trop tard pour prendre part au partage de l'argent, ils nous enlevèrent les rares vêtements qui nous avaient été laissés : nous fûmes réduits à une simple chemise.

Notre Maltais montra encore beaucoup de fermeté dans cette circonstance; on le menaça de le mettre à mort s'il n'avouait que nous étions Français. Son sang-froid nous sauva une

seconde fois, car c'en était probablement fait
de nous si dans ce moment la vérité eût été
découverte.

Nous continuâmes notre route au pas de
course, car les yatagans et les bâtons jouaient
incessamment sur nos têtes; personne n'était
envieux de fermer la marche, et chacun pressait le pas. Après avoir ainsi marché jusqu'à
environ 3 heures de l'après-midi, nous nous
arrêtâmes dans un village plus considérable
que ceux que nous avions vus jusqu'à-là; nos
guides s'assemblèrent et délibérèrent sur le
parti qu'ils devaient prendre. Pendant que nous
attendions le résultat de cette espèce de conseil,
quelques vieillards apportèrent du pain, soit au
capitaine Bruat, soit au capitaine Dassigny.
Trop éloigné de la tête de la colonne, je ne pus,
pas plus que mes voisins, participer à la distribution qui fut faite de ce frugal repas, cause
première de la mort de mon camarade l'élève
de première classe Chabrol qui me quitta pour
avoir sa part.

Après une courte discussion, chaque Bédouin
reprit le chemin de son habitation avec deux,
trois, six, etc., d'entre nous. J'étais placé à l'une
des extrémités de la colonne; le partage ayant
commencé par le bout opposé, aucun Arabe ne
s'empara de moi, et je restai dans cet endroit

avec une vingtaine de mes compagnons d'infortune. M. Dassigny était de ce nombre. Nous reprîmes le chemin que nous venions de parcourir parce qu'il nous rapprochait de la mer. Je ne savais qu'augurer de ce partage ; avait-il été fait afin de trouver moins de résistance de la part des naufragés, ou afin de pouvoir les nourrir plus facilement ? L'abandon dans lequel on nous avait laissés et l'inégalité du nombre d'hommes pris par chaque Bédouin me faisait incliner pour cette dernière opinion. J'en conclus naturellement que notre sort était décidé, que nous deviendrions esclaves dans l'intérieur.

Notre petite caravane diminuait à chaque pas, car les Arabes que nous rencontrions emmenaient toujours quelques-uns de ses membres ; je ne tardai pas moi-même à devenir un objet de convoitise pour un passant qui me conduisit chez lui. Il devait être 5 heures du soir lorsque j'arrivai à l'habitation du kabyle Mohamed ; riche et puissant dans la tribu dont il paraissait être le chef, il m'avait donné six compagnons de captivité. De ce nombre étaient le capitaine Dassigny et M. Aubert, commis d'administration de l'*Aventure*.

J'étais harassé ; je marchais, depuis qu'il faisait jour, sous la pluie, sans vêtements et sans avoir pris d'autre nourriture que quelques fèves

sauvages que j'avais cueillies chemin faisant.
Les travaux et les anxiétés de la nuit précédente étaient bien aussi pour quelque chose
dans cet état. J'entrai dans la hutte qui nous
fut destinée. Quelles réflexions se présentèrent
alors à mon esprit. Cependant grâce à la fatigue
et au besoin de repos que j'éprouvais, je m'endormis auprès d'un feu autour duquel nous nous
étions groupés.

Cette cabane était faite avec des branches,
de la terre et du chaume ; un trou creusé dans
le sol servait de foyer ; la fumée s'échappait
par une ouverture pratiquée directement au-
dessus ; quelques étagères sur lesquelles étaient
des vases en bois formaient l'ameublement.

Le lendemain 17, il ne nous arriva rien de
particulier ; la liberté dont on nous laissa jouir
me permit d'examiner les lieux. L'habitation
de Mohamed, située sur un point culminant
d'où l'on apercevait la mer, se composait de
cinq huttes semblables, entourées d'une sorte
de clayonnage formant enclos. L'une d'elles
servait de magasin d'approvisionnements, les
autres étaient habitées par la famille de notre
hôte. De distance en distance, et à grande portée
de la voix, l'œil découvrait des huttes semblables à celles que nous habitions. Je vis fort peu
de traces de culture ; çà et là quelques champs

de fèves et d'oignons : pas de blé. Nous passâmes toute cette journée avec les femmes.
Elles paraissaient nous porter intérêt et ne ces-
saient de nous poser des questions auxquelles
nous ne pouvions rien comprendre. Les vêtements qu'on nous avait pris étaient pour elles
des objets de luxe, et elles se plaisaient à nous
les montrer. L'une d'elles, toute jeune et fort
gentille, malgré son excessive malpropreté,
quitta ses sales vêtements de laine et s'enve-
loppa de quatre cravates en coton rouge qui lui
étaient échues en partage. Elle s'en mit deux
sur la poitrine, une autre sur le dos ; une derrière lui tombait sur les reins. Ces quatre mou-
choirs étaient attachés par les coins. Elle avait
détaché les boutons de plusieurs paletots, les
avait enfilés et s'en était fait des pendants d'o-
reilles. Ainsi accoutrée, elle vint nous consulter
sur sa toilette. Je ne me serais pas attendu à
trouver de la coquetterie dans la cabane d'une
Kabyle.

Les femmes jouissaient de la liberté la plus
grande ; elles étaient constamment avec nous ;
leur figure et souvent d'autres parties de leur
corps étaient découvertes ; les hommes ne s'en
formalisaient pas ; mais, dès que le jour tombait, elles disparaissaient pour ne plus se montrer avant le lever de l'aurore.

J'avais déjà eu l'occasion de remarquer la
liberté dont jouissent les femmes arabes de la
campagne. Dans un voyage que j'avais fait quelques années auparavant à Tripoli de Barbarie,
j'avais été accueilli dans quelques habitations
éloignées de la ville, et j'y avais passé des
heures entières, seul avec des femmes vêtues
souvent très légèrement ; mais, dès qu'elles
franchissaient le seuil de la porte, elles s'enve-
loppaient de leur burnous de telle sorte que
les regards les plus indiscrets ne pouvaient distinguer ni la grandeur de leurs pieds ni la cou-
leur de leurs yeux.

Le soir, nous apprîmes que plusieurs marins
des cases voisines avaient tenté de s'évader, et
qu'ayant été repris, ils avaient été massacrés.
Cette conduite imprudente causa non-seulement
leur mort, mais encore celle d'un grand nombre de leurs camarades. Les Bédouins savaient
que, depuis la déclaration de guerre avec la
France, le dey d'Alger donnait deux cents piastres d'Espagne par prisonnier qu'on lui amenait,
et cent seulement pour une tête. Craignant de
voir la somme promise leur échapper, ou tomber en d'autres mains, quelques-uns firent un
calcul atroce. Afin d'être sûrs de toucher une
rançon, ils mirent à mort les hôtes qu'ils avaient
dans leurs cabanes. Cet événement nous donna

à réfléchir; la moindre imprudence compromettait notre existence: aussi recommandâmes-nous la plus grande circonspection à nos compagnons; nous nous en trouvâmes bien.

Le 18, même liberté que la veille pour l'emploi de notre temps. Je ne savais que penser de cette manière d'agir des Arabes. Étendu dans notre cabane, je faisais des conjectures à l'infini, lorsque, dans l'après-midi, un Bédouin que je supposai faire partie de la famille de Mohamed parut devant la porte et me fit signe de le suivre. Cette invitation était un ordre pour moi; je me levai, le Bédouin me prit par le bras, et nous sortîmes de l'enclos. Nous avions à peine fait une vingtaine de pas, lorsque je me sentis retenir par derrière : c'étaient deux femmes qui venaient revendiquer leur propriété. Elles assaillirent le ravisseur en poussant de grands cris, et l'obligèrent à lâcher prise. J'en profitai pour rentrer dans ma case où j'attendis, non sans anxiété, la fin de cette lutte qui eût été funeste à l'auteur du rapt, si nos Arabes avaient reparu. Enfin mes libératrices rentrèrent, et à leurs gestes expressifs, je crus comprendre que cet homme m'entraînait pour me mettre à mort. Elles nous apprirent que les Bédouins couraient la campagne pour rattraper les hommes qui s'étaient sauvés, et qu'ils massacraient tous les

Européens qui leur tombaient entre les mains.
Elles me recommandèrent de ne plus sortir. Je
me tins pour averti, et ne bougeai plus de mon
gite de la journée. Ainsi je dois la vie à des
femmes arabes qui, vingt-quatre heures aupa-
vant, étaient tombées sur nous comme des fu-
ries. J'ai, du reste, remarqué chez ces peuplades
quelques sentiments d'humanité, mais alors
seulement que rien ne pouvait tenter leur cu-
pidité. Je ne puis pourtant expliquer la conduite
tenue à mon égard par ces femmes qui n'é-
taient, soit dit en passant, ni jeunes ni jolies,
que par leur crainte de se voir frustrées de la
récompense promise.

Le vent était tout à fait tombé, et le temps,
qui était devenu clair, me permit d'apercevoir
au large deux frégates et deux brigs courant
sur la terre. Je les vis mettre en panne; plusieurs embarcations se dirigèrent sur le point
de la plage où nos brigs étaient échoués. Dès
que ce mouvement fut aperçu, les Bédouins de
cette partie de la côte s'armèrent en toute hâte
en poussant des cris de ralliement. Les dispositions du départ furent faites dans le village;
les ustensiles furent sortis des cases et pré-
parés à être enlevés. Les femmes chargèrent
sur leur dos ceux de leurs enfants qui n'auraient
pu les suivre. Il était évident que la tribu crai-

gnait et supposait un débarquement. Tous les Arabes descendaient des montagnes vers le rivage.

On nous renferma alors dans la case qui servait de magasin, la seule qui pût être fermée, et, dégaînant son yatagan, notre hôte nous fit un discours dont nous comprîmes fort bien la conclusion. Il y allait de notre vie si nous faisions quelque tentative d'évasion pendant son absence. Notre calme le rassura, et il douta plus que jamais que nous fussions Français.

Notre position se compliquait; si les embarcations tentaient de s'approcher des brigs et étaient repoussées, les Arabes, fiers de ce succès, pouvaient, dans l'ivresse de la victoire, recommencer leurs mauvais traitements; si, au contraire, ils éprouvaient un échec, ils pouvaient s'en venger sur nous. Le résultat de cette expédition, quel qu'il fût, devait donc nous être funeste. Ces réflexions et beaucoup d'autres du même genre se pressaient dans mon esprit, lorsqu'un coup de canon vint mettre un terme à mes préoccupations; il était pour nous d'un fâcheux augure.

Mohamed rentra au commencement de la nuit; il nous tendit de suite la main, et nous fit sortir de notre retraite; il était évidemment

content de lui et de nous. Nous étions encore
une fois hors de danger.

Nous avons su depuis qu'ayant bien reconnu
que les brigs étaient abandonnés, les embarcations, qui appartenaient à des bâtiments de la
croisière, avaient pris le large.

Le coup de canon avait été tiré à bord du
Silène par les Bédouins. Je reviendrai plus tard
sur ce coup de canon qui fut probablement la
cause du massacre d'une partie de nos camarades. Cette alerte ayant montré à Mohamed qu'il
était possible de monter à bord des bâtiments
échoués, il forma le projet d'en enlever une
partie des munitions, mais un guide lui était
nécessaire pour faire ses recherches; il intima
à l'un de mes compagnons l'ordre de le suivre
à la nuit. A l'heure désignée pour le départ,
notre compagnon, déguisé en Bédouin, se mit
en route avec trois Arabes. Quand il leur eut
montré la partie du bâtiment où se trouvait
la poudre, à bord de l'*Aventure*, il fut mis
de faction sur le rivage, afin de donner
l'alerte s'il entendait du bruit. Cela ne se fit
pas attendre. D'autres Bédouins, attirés probablement aussi par l'appât du pillage, furent
bientôt aperçus se dirigeant vers le brig.
Mohamed et ses deux acolytes quittèrent de
suite le navire et donnèrent une chasse vi-

goureuse aux importuns qui venaient ainsi le troubler.

Le lendemain, je fus chargé de faire des cartouches avec la poudre, alors à l'état de pâte, qui avait été retirée de l'*Aventure*. J'y mêlai à dessein celle de quelques fusées et feux de conserve; mon brave hôte aura certainement lancé un fort joli feu d'artifice le jour où lui et les siens auront fait usage de mes munitions.

Je commençais à espérer que nous serions conduits à Alger. Les Arabes ne pouvaient nous garder longtemps sans nous faire travailler. Notre nourriture leur coûtait fort peu, il est vrai; elle consistait en orge mondé au lait, ou en galette cuite sur la cendre. Ces aliments étaient les leurs; nous ne pouvions nous plaindre que de la modicité de la ration; celle-ci variait suivant l'appétit de nos commensaux arabes qui mangeaient d'abord et nous passaient leurs restes.

Ce soir là, nous vîmes dans notre village quelques marins maures qui avaient été envoyés par le dey pour le sauvetage de nos brigs. L'un d'eux, qui s'établit chez Mohamed, parlait italien. Il nous annonça que le dey avait envoyé à notre recherche, et que le lendemain nous serions probablement conduits à Alger. Effectivement, le 20, à la pointe du jour, nous

nous mîmes en route, escortés par plusieurs Arabes. Nous avions pour tout vêtement une chemise et un pantalon, et quoique nous fussions sans souliers, nous partîmes avec l'intention de presser le pas, afin d'être le plus tôt possible sous la protection de l'autorité. Nous ignorions, hélas ! à quelle distance nous nous trouvions de la ville. Nous étions ralliés en chemin par des bandes de nos camarades qui étaient aussi conduits à Alger, avec quel plaisir nous nous retrouvâmes ensemble ! Mais cette joie fut bientôt changée en tristesse et en dégoût par la rencontre que nous fîmes de cadavres sans têtes, qui nous donnaient l'explication des discours de nos hôtes sur les dangers de la promenade.

Vers 8 heures, nous rencontrâmes un détachement de soldats turcs envoyés à notre recherche. L'officier qui les commandait parlait français ; il nous apprit que onze des nôtres étaient déjà rendus à Alger et qu'une vingtaine avaient été massacrés. Il nous assura que nous n'avions plus rien à craindre désormais, et après nous avoir dit que nous trouverions une escorte de l'autre côté de la rivière Boberac, il continua sa route. Vers 10 heures, nous passâmes à gué cette rivière, alors grossie par les pluies ; le courant était tel, que plusieurs hommes faillirent être emportés. Nous fîmes une halte sur l'autre rive, où nous trouvâmes effectivement l'escorte qui nous avait été annoncée; elle se composait d'un Turc qui nous distribua quelques morceaux de biscuit et nous donna quelques vêtements qu'il prit aux Bédouins. Ce Turc nous compta, et dès ce moment nous cessâmes d'être au pouvoir des Arabes.

Nous nous trouvions alors réunis au nombre de soixante-quinze; les douze (onze et le Maltais), que nous savions arrivés, formaient un total de quatre-vingt-sept. C'était loin de faire notre compte, et nous commencions à craindre que le chiffre des victimes ne fût plus élevé que celui qui nous avait été donné. Nos craintes n'étaient, hélas! que trop fondées.

Après avoir fait une halte d'environ une heure à ce point de ralliement, nous nous remîmes en marche. Notre Turc, dont le nom était Sidi-Ali, avait pour toute arme un bâton. Les Arabes qui allaient réclamer notre rançon nous suivirent. Le nombre de ces compagnons augmenta à chaque village que nous rencontrâmes.

Nous marchâmes ainsi jusqu'à 10 heures du soir. La nuit était close quand nous fîmes halte dans un vaste enclos au milieu duquel un grand feu était allumé. Ce lieu avait été choisi pour notre campement de nuit ; nous formâmes le cercle autour du bûcher. La clarté très vive qu'il répandait éclairait tout ce champ dont la garde paraissait être confiée à des Arabes formant une haie autour de nous.

Je n'entreprendrai pas de décrire les souffrances que nous avions éprouvées pendant cette première journée de marche. Nous avions fait au moins dix lieues, presque sans vêtements, sans avoir reçu aucune nourriture et harcelés sans cesse par les Bédouins qui profitaient de l'éloignement de notre guide pour nous maltraiter. Cette marche fut on ne peut plus pénible ; car nous avions été obligés de la faire, pieds nus, sur des cailloux, des plantes épineuses et un terrain desséché par un soleil ardent. Il avait fallu marcher cependant, car les traînards étaient les plus maltraités. Notre guide nous avait procuré deux chevaux sur lesquels les moins vigoureux avaient monté tour à tour.

Peu de temps après notre arrivée, on nous fit une distribution de pain. Malgré la fraîcheur de la nuit et une abondante rosée, je m'endormis dès que j'eus terminé ce modeste repas.

Lorsque le jour commença à poindre, nous nous remîmes en route. Cette seconde étape fut encore plus pénible que la première : j'avais les pieds dans un état affreux. La douleur que j'éprouvais quand je me tenais debout m'empêchait de marcher. L'inégalité du terrain et sa nature rocailleuse augmentaient encore ma souffrance qui ne cessa que quand la fièvre me donna assez de force pour marcher.

La majeure partie de mes compagnons était dans le même état que moi ; malgré les sages représentants de Sidi-Ali, nous nous laissions tomber sur la terre pour éprouver quelque soulagement ; mais il fallait presque aussitôt se remettre en route. Heureux encore quand, se contentant d'une simple injonction, les barbares, qui nous accompagnaient et qui riaient de nos tortures, n'employaient pas l'arme qu'ils portaient. Et dans ces moments pénibles, où l'on eût quitté la vie avec joie, il nous fallait écouter les plaintes de nos matelots qui s'adressaient à nous comme à leurs protecteurs naturels ! Nous ne pouvions, hélas ! que recevoir à leur place les coups qui leur étaient destinés.

Vers 2 heures de l'après-midi, on nous fit faire une halte dans une vaste plaine du fond de la baie d'Alger ; on nous fit une distribution de pain ; notre Turc poussa l'attention jusqu'à faire donner un plat de couscoussou aux officiers. Il y avait plusieurs jours que je n'avais fait un repas aussi copieux.

Enfin, sur les 4 heures, après avoir parcouru dans sa longueur la partie de la Métidja qui est située dans l'est d'Alger, nous nous trouvâmes sur la plage, à 3 milles de la ville. C'était un vendredi, jour dominical des musulmans ; toute la population était sur pied. Nous fûmes bientôt entourés par des Maures et des Turcs dont les intentions parurent d'abord bienveillantes. La joie qu'ils éprouvaient semblait occasionnée par la vue d'un si grand nombre de prisonniers. Mais, plus nous approchâmes de la ville, plus le nombre des curieux augmenta, et leur conduite à notre égard changea bientôt.

Arrivés à la porte de Babazoun, nous fûmes assaillis par une bande nombreuse d'Arabes et de nègres armés de yatagans et de faucilles qu'ils firent brandir sur nos têtes ; les pierres nous arrivèrent de toutes parts ; ce fut une attaque générale.

Dans ce moment critique, où l'effervescence de la populace était portée à son comble, M. Meardi, médecin attaché au consulat de Sardaigne, sortit de la ville pour nous protéger. Son intervention nous fut d'un grand secours. Quelques-uns de ces barbares, incapables d'apprécier la générosité de sa conduite, ne craignaient cependant pas de lui répondre par des insultes et par des coups.

Pendant tout le temps que dura notre captivité, le docteur Meardi ne démentit pas un seul jour la haute estime que je conçus de lui dans ce moment critique. Ses soins ne nous firent pas défaut un seul jour. Il exposa plusieurs fois sa vie pour nous procurer quelque soulagement dans les moments les plus difficiles, et, malgré les défenses du dey, il réussit à venir nous donner ses soins.

Honneur à M. Meardi ! Un semblable dévouement est au-dessus de tout éloge.

Nous suivîmes le fossé du sud pour entrer dans la ville par la porte de la Casauba. Le nombre de nos assaillants augmentait à chaque pas ; ils se ruaient sur nous en criant : « *Tail-lar cabesa (on te coupera la tête).* » Nous comprenions parfaitement ce langage, et il est surprenant que, dans un semblable moment d'effervescence, ces menaces n'aient pas été mises à exécution : on se contenta de nous maltraiter. Afin de n'être pas séparés, nous nous plaçâmes sur deux rangs, donnant le bras à notre voisin et tenant notre chef de file de la main que nous avions libre ; la masse que nous formions ainsi était compacte et difficile à entamer.

Maltraités par les hommes, insultés par les femmes qui nous crachaient au visage, nous fûmes littéralement portés par ce flot de populace jusque devant le palais du dey. Là, accablés de fatigue, en proie à des émotions sans cesse renaissantes, quelques Français tombèrent sur le pavé de la rue; si leurs forces les eussent abandonnés quelques minutes plus tôt, ils étaient massacrés.

La scène changea tout à coup. La populace fut dispersée par les gardes, et le silence le plus profond succéda aux vociférations qui nous avaient accompagnés depuis notre entrée dans la ville. Un spectacle affreux et révoltant nous fut offert : les têtes défigurées et sanglantes de nos infortunés camarades jonchaient la terre, éparses çà et là devant le palais ! Il y avait de quoi succomber à tant d'émotions (1).

On nous compta de nouveau, et nous nous remîmes en marche escortés par des gardes. Après avoir parcouru quelques rues qui étaient entièrement désertes, nous entrâmes dans le

______

(1) Dans une lettre qu'il écrivit au dey quelques jours après, M. Dassigny lui reprocha avec dignité sa barbarie. Le dey lui répondit qu'il avait été obligé de se conformer à l'usage de laisser les têtes des ennemis exposées pendant trois jours, mais qu'il autorisait leur enlèvement après ce temps. Elles furent ensevelies par les soins de M. le consul de Sardaigne.

bagne où étaient déjà douze naufragés au nombre desquels était le capitaine Bruat. Nous acquîmes alors la triste certitude que le chiffre des victimes était beaucoup plus élevé que celui qui nous avait été indiqué. Nous étions réunis au nombre de quatre-vingt-sept, et le 16 au soir, au moment de notre séparation, nous étions deux cents !

Mes forces étaient épuisées ; mon courage m'abandonna. Il ne pouvait me rester aucun doute. Plusieurs de mes camarades et des hommes auxquels j'étais attaché avaient perdu la vie ! Je tombai sur un banc et je fondis en larmes : la porte de la prison se referma sur nous ! Devais-je franchir cette barrière, qui me tenait emprisonné avec tous les malfaiteurs du pays ?

M. le comte d'Attili, consul de Sardaigne, accompagné de M. Pedrozo, son chancelier, vint nous voir le lendemain matin. Il nous apportait des objets de première nécessité, et nous annonça qu'une corvette sarde, alors sur rade, se chargeait de nos lettres (1).

---

(1) Le consul d'Angleterre nous fit faire des offres de service ; dans notre position nous devions tout accepter. Nous refusâmes cependant une offre faite d'une manière si banale, et par une personne qui ne daignait pas nous visiter. Nous eûmes peu à nous louer, du reste, de ce fonctionnaire.

Trente-sept marins du commerce, faits prisonniers depuis la déclaration de guerre, se trouvaient déjà au bagne, ainsi que trois Grecs : ceux-ci y étaient depuis sept ans. Nos autres compagnons étaient cinq renégats espagnols, une cinquantaine de Kabyles enchaînés, mais placés dans une autre salle que nous, et une vingtaine d'animaux de diverses espèces, lions, tigres, etc., dont la présence viciait encore l'air naturellement fort malsain de la prison.

Le dey nous envoya à chacun un costume complet d'esclave. Nous acceptâmes pour les matelots, mais nous renvoyâmes ceux qui étaient destinés aux officiers. Nous fîmes acheter des étoffes légères par le consul sarde, et chacun, matelots et officiers, se confectionna un vêtement.

Le logement qui nous fut affecté était composé d'une petite chambre qui recevait le jour par une fenêtre grillée donnant sur la rue, et d'une salle beaucoup plus vaste dont le plafond était supporté par une double rangée de colonnes. Sur le même palier, mais à l'extrémité d'une longue galerie, était le logement des galériens. La ménagerie se trouvait dans la cour.

Jusqu'au jour du débarquement de l'armée française dans la baie de Sidi-el-Ferruch, notre position fut supportable. Grâce à M. et à

Mme d'Attili, notre table était assez abondamment pourvue ; nous avions de l'argent dont notre geôlier en chef, Ali, ne faisait pas fi, non plus que du vin que nous lui faisions boire. Parfois, avec la permission de l'Aga, nous allions chez les consuls qui s'étaient tous retirés à la campagne. Nous faisions ces promenades le plus rarement possible, parce qu'elles nous valaient toujours quelques insultes. Il n'y avait pas une femme, pas un enfant qui ne nous criât aux oreilles ces mots avec lesquels nous commencions à nous familiariser : *Taillar cabesa*.

Deux jours après notre arrivée, on nous amena deux marins de nos équipages. L'un d'eux se trouvait sixième dans une case où un Arabe, par forme de passe-temps, se prit à frapper un de ses prisonniers. Notre marin, remarquable du reste par sa grande taille, indigné d'une semblable conduite, s'empara d'une fourche qui se trouva sous sa main et, se précipitant sur le lâche qui avait fait couler le sang, il lui enfonça une des branches de sa fourche dans la gorge et le terrassa. Un autre prisonnier s'empara d'une hache dont une femme se servait en ce moment pour fendre du bois ; cette malheureuse ayant jeté un cri d'alarme tomba aussi sous ses coups. Les six Français prirent

alors la fuite. Après avoir eu à se défendre
contre quelques Bédouins accourus aux premiers cris, les deux arrivants étaient parvenus
à gagner un petit bois dans lequel ils étaient
restés cachés pendant trente-six heures. Ils s'é-
taient ensuite acheminés séparément vers le
rivage, où ils avaient été recueillis, presque
sans vie, par des Turcs qui les conduisirent à
Alger. On n'entendit plus parler de leurs quatre
camarades.

L'arrivée inopinée de ces deux marins nous
donna un peu d'espoir. Nous fîmes distribuer
de l'argent pour qu'on effectuât des recherches,
et nous promîmes une récompense honnête à
quiconque nous ramènerait un Français.

Le cinquième jour on en amena un ; ce fut
le seul.

Les têtes exposées devant la Casauba avaient
été comptées avant d'être inhumées ; il y en
avait cent neuf. Nous étions quatre-vingt-dix ;
le Maltais, qui, aussitôt son arrivée, avait été
réclamé par le consul d'Angleterre, complétait
bien le chiffre de notre effectif. Il ne pouvait
plus rester aucun espoir sur le sort des absents.

Après avoir échappé presque miraculeusement au naufrage, cent neuf personnes, officiers
et marins des deux brigs, devaient être inhu-
mainement massacrées.

Le motif qui poussa les Kabyles à assassiner nos malheureux camarades est resté inconnu. Je ne puis croire toutefois qu'ils eussent commis ce crime de sang-froid sans le concours de plusieurs circonstances qui, toutes, ont tourné contre nous. Plusieurs marins avaient réussi à se sauver de leur case ; repris bientôt, ils avaient été mis à mort. Les Arabes qui nous gardaient ne nous nourrissaient que dans l'espoir d'une récompense ; chaque évasion leur enlevait deux cents piastres. La décapitation ne leur en procurait que la moitié. Les tentatives d'évasion peuvent donc être considérées comme la première cause du massacre. L'apparition de la division française sur la côte dut être la seconde. Le coup de canon tiré dans ce moment fut pour beaucoup un signal de mort. Enfin, le petit combat qui eut lieu dans une case, et dans lequel un Kabyle et une femme furent tués, dut porter l'exaspération parmi les Bédouins des environs.

Le 12 juin, un brig anglais mouilla dans la baie d'Alger ; nous reçûmes la visite de plusieurs officiers.

Le lendemain 13, nous apprîmes qu'une escadre française venait de mouiller dans la baie de Sidi-el-Ferruch. Le dey donna aussitôt l'ordre de nous enchaîner deux à deux. On nous annonça que nous allions sortir de la ville pour occuper un bâtiment situé entre la Casauba et le fort de l'Empereur.

Les nombreuses émotions que j'éprouvais depuis quelques jours m'avaient tellement endurci, que cet ordre ne produisit aucun effet sur moi; je m'étais d'ailleurs familiarisé avec l'idée de l'enchaînement. Au milieu de la chambre que nous occupions se trouvait un billot dont l'usage ne pouvait être équivoque; je posai la jambe sur ce meuble avec une philosophie que beaucoup de mes compagnons n'eurent pas dans cette pénible circonstance.

On nous laissa la faculté de choisir notre compagnon de chaîne : je fus accouplé à M. Béchon de Caussade, élève de première classe du *Silène*. Lorsque l'opération fut terminée, une longue corde fut passée dans un des chaînons de chaque couple, et nous nous mîmes en marche.

Les rues étaient presque désertes; tous les hommes s'étaient rendus à leur poste de bataille; mais les femmes, les enfants et les nègres esclaves nous assourdissaient par leurs cris et nous injuriaient; les plus acharnés se jetaient même sur nous et nous maltraitaient.

Le bâtiment où l'on nous conduisit servait d'écuries et de magasins d'approvisionnements.

Nous fûmes entassés, au nombre de cent vingt-sept, dans une galerie voûtée ayant 20 mètres de long sur 4 de large ; 80 mètres pour cent vingt-sept personnes, ou 0^{m}62 pour chacune !

Notre ration de vivres fut réduite de moitié : on nous donna, deux fois par jour, un pain dur et grossier, dans la confection duquel il n'entrait, je crois, que du son, et qui pouvait peser 200 grammes. De l'eau en très petite quantité complétait notre repas.

Nous couchions sur la terre ; on ne nous donna pas même un peu de paille pour étendre sous nous ; nos chaînes nous servaient forcément de matelas et d'oreillers. L'atmosphère de notre nouvelle habitation était fétide, car les murs étaient imprégnés de miasmes infects qu'augmentaient l'agglomération d'un si grand nombre de personnes dans un local si réduit et l'obligation d'y satisfaire tous nos besoins. Cette situation, fort triste, n'altéra pas un moment la gaîté des prisonniers. Des chants patriotiques et grivois retentissaient sous les voûtes, au grand ébahissement de nos gardes qui nous regardaient par les fenêtres grillées de notre habitation.

Des scènes de comédies servaient d'intermèdes. Lorsque la nuit arrivait, afin d'éloigner toute réflexion, toute tendance des esprits vers la tristesse, nous racontions des contes. M. Das-

signy était le grand conteur de la bande. Et
lorsque l'oppression de la respiration et l'im-
mobilité de l'auditoire indiquaient au conteur
qu'on ne l'écoutait plus, que les souffrances
étaient oubliées pour quelques heures, les officiers, plus malheureux que ces infortunés sur
lesquels ils avaient à veiller, de l'existence desquels ils répondaient en quelque sorte, alors
les officiers se serraient la main, sans oser se
dire : *à demain*.....

Le 20, on nous amena un matelot de l'*Arté-
mise* ; il avait été pris se promenant en dehors
du camp établi sur la presqu'île de Torre-Chica.
Son corps ne formait qu'une plaie. Nous rece-
vions presque tous les jours la visite de notre
bon docteur Meardi. Il venait soigner nos malades et nous donner des nouvelles. Nos gardes
ayant fini par lui interdire de nous adresser la
parole, nous fûmes obligés d'établir un langage
par signes.

Notre geôlier Ali, tout en voulant empêcher
qu'on nous apprît ce qui se passait, nous mettait lui-même sur la voie. Nous savions par lui
quand on s'était battu, car il s'empressait de
nous annoncer que les Arabes, qui, d'après lui,
étaient toujours vainqueurs, venaient de rem-
porter une victoire. Ses récits étaient tellement
comiques, qu'il nous fallait faire les plus grands

efforts pour ne pas être pris d'un fou rire ; et
quand nous paraissions douter de sa véracité,
il s'emportait et nous disait que nous allions
avoir la preuve de ce qu'il avançait par l'arrivée
de nombreux prisonniers qui, bien entendu,
n'arrivaient jamais.

Le jour où le débarquement fut effectué, il
nous dit qu'il ne serait pas difficile de battre les
Français puisqu'ils étaient enchaînés. Cette idée
lui vint probablement de ce qu'on ne vit pas
nos troupes se débander aussitôt qu'elles furent
à terre. Une autre fois, il nous demanda comment les Français faisaient marcher les hommes
de bois qu'ils avaient devant eux ; il voulait
sans doute parler des gabions. Un jour, après
avoir annoncé que vingt mille Français avaient
mis bas les armes et demandé grâce, il nous
apporta un shako et une capote qu'on avait pro-
menés dans toute la ville comme des trophées.

Cependant l'armée française avançait toujours,
et le dey, craignant qu'on ne vînt nous délivrer,
nous fit rentrer dans la ville. Pendant ce trajet
pénible, nous fûmes encore en butte aux mauvais traitements de la populace. On nous renferma de nouveau dans le bagne ; seulement,
cette fois, on nous entassa dans un cachot obs-
cur et non aéré qui avait dû être autrefois une
église dont on avait muré les fenêtres, et qui

était occupée par les Kabyles que nous remplaçâmes ; c'était la salle des galériens. Une couche de paille presque, totalement pourrie, en couvrait le sol humide. Nous nettoyâmes cet antre infect avant de nous y établir. L'air et le jour n'y pénétraient que par une petite ouverture grillée donnant sur la galerie. La chaleur y était tellement grande, qu'il nous était impossible de conserver nos vêtements, et nos lèvres brûlantes étaient constamment collées contre les fentes de la porte. Cet air lourd et vicié et la mauvaise qualité de la nourriture ne tardèrent pas à occasionner quelques maladies.

Le 28, on nous amena cinq prisonniers : c'étaient deux soldats et trois ouvriers d'administration.

Le 3 juillet, nous entendîmes une canonnade très vive et très rapprochée. Nous sûmes que c'était l'escadre qui avait défilé le long des forts de la côte.

Le 4, sur les 10 heures du matin, pendant que nous faisions notre déjeuner frugal, en devisant sur les événements de la veille, notre prison fut ébranlée par une commotion violente. Notre porte, quoique verrouillée, s'entr'ouvrit ; le plâtre, la poussière et les toiles d'araignées, qui, depuis des siècles, tapissaient les murs et le plafond, furent détachés et obscurcirent, pen dant quelques secondes, le jour douteux qui pénétrait jusqu'à nous. Nous crûmes qu'une bombe était tombée sur notre terrasse. Le désordre se mit parmi nous ; chacun voulut chercher un abri, mais nos chaînes nous retinrent et s'engagèrent ; bientôt nous fûmes tous entassés au milieu de la prison, attendant avec anxiété que le projectile fît explosion. Ce moment tant redouté n'arrivant pas, l'ordre se rétablit ; on chercha la bombe, cause de cette panique ; il n'y avait rien, pas même un boulet. Je laisse à penser combien nous dûmes rire de notre frayeur ; le soir seulement, nous sûmes que l'explosion du fort de l'Empereur avait produit cette secousse qui fut ressentie dans toute la ville.

Dans la soirée, un chirurgien maure vint nous offrir ses services ; nous les acceptâmes. Le dey se rappelait, après six semaines, que nous pouvions avoir besoin des secours de l'art.

Au commencement de la nuit, on nous enleva nos chaînes !.....

Et bientôt notre digne docteur Meardi fut parmi nous. Il nous apprit que des commissaires, munis des pouvoirs du dey, avaient été envoyés au général en chef de l'armée française pour traiter de la paix.

On se figure quelle dut être notre ivresse !

Nous allions être rendus à la liberté ! Nous allions revoir nos familles ! Nous parcourions en tous sens, sans but et machinalement, la galerie qui précédait notre prison. Nous nous embrassions à chaque rencontre ; nos visages reflétaient des pensées diverses. Moi, j'étais fou ou menacé de le devenir. Aussi nos gardes jugèrent-ils prudent de nous faire rentrer et de nous renfermer dans notre réduit. Combien fut longue cette dernière nuit qu'il nous fallut passer dans ce cachot !

Le lendemain matin, 5 juillet, les portes de la prison furent ouvertes : nous étions libres ! La paix était conclue, et notre mise en liberté en était la première condition (1).

Les deux capitaines se rendirent auprès du général en chef qui les avait demandés. Les autres naufragés s'acheminèrent vers la maison du consul d'Angleterre qui nous avait été offerte. Les troupes françaises n'étaient pas encore dans la ville, et cependant nous ne rencontrâmes pas un seul habitant. Ce fut un grand bonheur, car notre délivrance nous avait rendu le souvenir

(1) Cent trente-neuf Français furent délivrés par l'expédition. Parmi eux étaient M. Dassigny ; M. Bruat, mort amiral ; l'enseigne de vaisseau O. Troude, aujourd'hui officier supérieur en retraite ; l'enseigne de vaisseau auxiliaire Barnel, et les élèves de première classe Bonard, mort récemment vice-amiral, et Chabrol.

du passé, et nous avions des projets de vengeance que nous ne pûmes mettre à exécution.

Les troupes françaises entrèrent dans la ville à midi. Quelles douces émotions je ressentis en voyant des compatriotes qui étaient mes libérateurs ! Je dirais difficilement ce que j'éprouvai à la vue d'un régiment qui défila devant moi, musique en tête.

J'allai visiter l'arsenal. Aidé de quelques matelots qui m'y avaient accompagné, je fis amener le pavillon de tous les navires algériens qui se trouvaient dans le port.

Cependant, nous étions sans nouvelles de nos capitaines ; je pensais que nous étions oubliés. Nous n'avions pas reçu de vivres de la journée ; notre joie ne faisait pas perdre la mémoire à cet égard. L'absence des deux capitaines me donnait le commandement du détachement ; c'était donc à moi qu'on s'adressait. Je me décidai à faire demander des vivres au général en chef. Je chargeai l'élève Caussade de lui faire connaître notre position. Ce ne fut qu'après beaucoup de difficultés que l'entrée de la Casauba fut permise à mon envoyé ; le général de Bourmont lui répondit qu'il ne pouvait nous donner des vivres.

Nous en reçûmes cependant vers 5 heures du soir ; mais ce fut M. Meardi qui nous les apporta.

Appréciant mieux notre position que nos capitaines, qui, depuis le matin, étaient à la campagne du consul de Sardaigne, ce bon docteur nous arriva avec un âne chargé de toutes sortes de comestibles.

MM. Dassigny et Bruat revinrent le soir, et nous annoncèrent que nous partirions le lendemain.

Le bateau à vapeur *le Sphinx*, qui était rentré dans le port, nous envoya ses embarcations, et au jour, nous quittâmes cette terre de douleur pour retourner dans notre patrie. Nous fûmes répartis sur quatre bombardes qui retournaient à Toulon.

Je ne terminerai pas ce récit sans rendre hautement justice au sang-froid et à la présence d'esprit du capitaine Bruat. L'idée qu'il eut de nous faire passer pour Anglais, pendant que nous étions dans l'intérieur, nous sauva. Arrivé le premier à Alger, où il avait été conduit le lendemain même du naufrage avec le Maltais qui lui servait d'interprète, le capitaine Bruat avoua au dey d'Alger que nous étions Français. Son caractère décidé fut la cause première de la bonne discipline de nos équipages, parmi lesquels un mouvement insurrectionnel se manifesta le lendemain de notre arrivée au bagne. Ce mouvement n'eut pas de suite, grâce à la fermeté dont le capitaine Bruat fit preuve dans cette circonstance difficile.

Nous arrivâmes à Toulon après une traversée de douze jours ; nous fûmes soumis à une quarantaine de vingt jours. Le ministre de la marine, M. d'Haussez, fit mettre à notre disposition tout ce dont nous pouvions avoir besoin. Cette bienveillance du ministre fut partagée par toutes les classes de la société ; on sympathisait aux maux que nous avions soufferts. Les dames de la halle nous témoignèrent un intérêt tout particulier ; chaque jour, une quête pour les naufragés était faite par elles dans la ville. Des uns elles recevaient des vivres ; les autres leur donnaient du tabac, des effets d'habillement, et ces objets nous étaient envoyés au Lazaret. Ayant appris que les officiers ne participaient pas au partage de ces objets, elles envoyèrent une députation. Ces dames me témoignèrent le regret que leur faisait éprouver notre refus d'accepter leurs dons. L'assurance que je leur donnai, que nous étions abondamment pourvus de tout ce qui nous était nécessaire, ne les satisfit pas. Elles me prièrent de m'adresser à elles si, plus tard, quelque chose nous manquait.

La véritable position des deux brigs, au moment de l'échouage, était : latitude, 36° 53' 12'' ; longitude, 1° 23' est.

Cinquante-six hommes de l'*Aventure* manquaient au retour en France. De ce nombre étaient MM. Delorme, enseigne ; de Chabrol, élève de première classe, et Etienne, chirurgien.

Cinquante hommes du *Silène* avaient aussi péri. Parmi eux étaient MM. Raynal, enseigne ; Hardisson, enseigne auxiliaire ; Lavaud, agent comptable ; Sénès, docteur, et Sergent, élève de première classe. »

Le récit qui précède est puisé : 1° dans le rapport adressé, le 23 mai 1830, par le capitaine Dassigny au ministre de la marine et des colonies, et inséré dans les *Annales maritimes et coloniales, partie non officielle* (t. XLII, pages 711-723) ; 2° dans une brochure publiée ensuite par cet officier, sous ce titre : *Naufrages des brigs l'Aventure et le Silène.* Toulon, J. Baume (s. d., 71 pages in-8°) ; 3° et principalement dans une relation circonstanciée du naufrage et de ses suites, rédigée peu de mois après par M. O. Troude, alors que ses souvenirs étaient récents et sûrs.

LE BRIG *LA BRESSANE*

EN DANGER PENDANT SEPT JOURS

Parti de Brest le 20 août 1830, le brig *la Bressane*, commandé par le lieutenant de vaisseau Lespert, que nous avons vu figurer honorablement dans le naufrage de la *Caravane* (page 81), était arrivé le 16 septembre suivant à l'île Saint-Pierre de Terre-Neuve. Retenu sur cette rade jusqu'au 21 par des vents d'est et un coup de vent de la même partie, il appareilla le lendemain matin à la naissance d'une brise du N.-O. qui varia de l'ouest au O.-S.-O., bon frais et beau temps, ce qui lui permit de prolonger la terre à jolie distance et de prendre connaissance le lendemain de celle aux environs du cap Raze, d'où le capitaine Lespert dirigea la route pour passer à une trentaine de milles dans l'est de l'île aux Oiseaux.

Le 25 septembre, au matin, le brig fut assailli par un violent coup de vent du N.-O. au
N.-N.-O. ; la mer devint très grosse. La *Bressane*, qui jusqu'alors n'avait pas fait d'eau, fatiguait tellement qu'elle en faisait de six à huit
pouces à l'heure. Le baromètre descendu très
bas et l'état du ciel qui annonçait que le vent
n'était pas encore dans toute sa force, décidèrent le capitaine Lespert à réunir en conseil
les officiers du brig. Il fut décidé unanimement
qu'il fallait laisser arriver pour fuir devant le
temps, sauf à revenir sur le croc une fois le
coup de vent passé. Il était dix heures quand
on laissa porter. La *Bressane* s'en trouva bien
et ne faisait plus d'eau. Le grand hunier aux
bas ris et la misaine étaient indispensables afin
de rendre la vitesse du brig assez grande pour
qu'il fût retiré des lames.

A midi, il ventait tempête ; la mer était mons-
trueuse. La *Bressane* fuyait très bien, lorsqu'à
2 heures elle se remplit par l'avant, et peu s'en
fallut qu'elle ne sombrât. Les faux sabords, qui
n'étaient point ouverts, furent défoncés. Le
commandant ordonna aussitôt de jeter à la mer
l'ancre du bossoir de bâbord qui se trouvait
encore sur le bord. Deux caronades et deux
canons de l'avant furent aussi jetés à la mer ;
plusieurs pièces à eau, également de l'avant,

furent vidées afin d'alléger cette partie du brig et de faciliter à se relever.

On put dès lors fuir avec avantage, et tout portait à croire que le bâtiment supporterait ainsi la force du temps, quand, vers les 6ʰ 45, il reçut par sa hanche de bâbord un coup de mer si terrible qu'il enleva tout ce qui était sur son passage. Presque tout l'équipage fut emporté dans les débris sous le vent ou jeté à la mer. On regarda comme un bonheur de n'avoir à déplorer que la perte de huit hommes, parmi lesquels étaient quatre maîtres chargés, car plusieurs autres furent retirés de l'eau par les soins de l'état-major et de l'équipage. La roue, le gouvernail, l'habitacle furent brisés et emportés à la mer : toutes les jambettes, les pavois, les bastingages des deux bords et une partie du plat bord de l'arrière à tribord furent aussi enlevés. Enfin le brig vint en travers bâbord au vent, et en raison de la grande quantité d'eau qui était sur le pont sous le vent et dans la cale du même bord, il menaçait de ne plus se relever. Une forte voie d'eau, qui le remplissait par l'arrière sous le vent, détermina le capitaine Lespert à faire couper le mât de misaine dont la chute entraîna, comme il l'avait prévu, celle du grand mât de hune. Le bâtiment se redressa aussitôt assez pour per-

mettre de faire jouer les pompes et d'établir
une chaîne pour vider l'eau par la claire-voie
de l'arrière. La brigantine avec deux ris fut
bordée pour ranger le navire au vent, et une'
heure trente minutes après, on s'était rendu
maître de l'eau. Alors on s'occupa de couper
tout ce qui pouvait retenir la mâture le long du
bord et de déblayer le pont, autant que le per-
mettaient l'obscurité et l'état de la mer qui le
couvrait à tout moment de l'avant à l'arrière.
M. Turquet, chirurgien du brig, eut la jambe
gauche cassée ; toutes les autres personnes de
l'état major et de l'équipage, plus ou moins
blessées, restèrent toute la nuit près du commandant sur une partie de l'avant du brig, seul
endroit qui offrît un peu d'abri contre la fureur
des lames.

Enfin le jour, qui ramena un peu de tranquil-
lité dans l'atmosphère, vint éclairer le capitaine
Lespert sur sa malheureuse position, et le convaincre que si le brig était resté un peu plus
longtemps couché sur le côté de tribord, il eût
infailliblement coulé en se remplissant par une
ouverture de plusieurs pieds qui existait dans
le plat bord de tribord. Le commandant désigna
un certain nombre d'hommes et des officiers
pour sauver le plus possible des débris du grément, boucher toutes les issues par lesquelles

l'eau pouvait entrer, puis il s'assura de l'état
des vivres qui avaient peu souffert, après quoi
il attendit un moment favorable pour mâter le
brig. La *Bressane* était si peu élevée sur l'eau
depuis la disparition des pavois que le pont
était toujours couvert d'eau, ce qui obligeait à
avoir tous les panneaux constamment condamnés.

Le 27 au matin, on put démarrer les drômes
pour avoir le mât de hune qui fut assujetti au
tronçon de celui de misaine, son pied portant
sur le traversin des bittes. A peine cette opération fut-elle terminée, que le vent et la mer
s'élevèrent de nouveau avec force, et qu'il
tomba beaucoup de pluie, ce qui obligea à fermer partout et à attendre jusqu'au 28 au matin
pour reprendre les travaux qui marchaient très
lentement, vu le manque de travailleurs et les
souffrances que tous éprouvaient.

Le 29, on eut la possibilité de guinder un
mât de perroquet devant, de hisser la vergue,
d'installer sa voile, et, balançant la voilure, on
fit route pour l'Europe, les vents régnant étant
presque toujours du S.-O. au N.-O. M. Hervé,
chef de timonerie, embarqué comme officier,
fit confectionner, avec l'agrément du commandant, un gouvernail de fortune à la traîne qui,
provisoirement, fut très utile dès qu'il fut mis

à l'eau, le 1er octobre, et au moyen duquel le brig tint à un quart d'un bord sur l'autre de la route. On installa un perroquet pour grand hunier, et l'on s'occupa alors de confectionner, avec toutes les ressources dont on pouvait disposer, des pavois et des garde-corps. Ainsi disposée, la *Bressane*, ayant le vent par le travers, avec un temps maniable et une mer ordinaire, filait encore de 4 à 5 nœuds. Mais le 2 octobre, à 11 heures du matin, par un temps couvert et pluvieux qui n'avait pourtant aucune mauvaise apparence — la brise était très maniable — elle fut assaillie tout à coup, sans que rien l'annonçât, par une violente tourmente de l'E.-N.-E. qui, bien que toutes les voiles eussent été carguées à temps, priva en un instant de toute sa nouvelle mâture le brig qui, n'ayant pas obéi à son gouvernail, était resté en travers au vent. Le mât de hune fut cassé, le mât de perroquet de l'arrière qui ne dépassait le chouque que de 3 pieds fut brisé, le petit foc fut mis en lambeaux. Enfin, le tourbillon était si fort que le brig était couché sur tribord, de manière à se remplir par les panneaux s'ils n'avaient été constamment condamnés. Les nouveaux pavois sous le vent furent en grande partie enlevés, et, par ce dernier accident, la *Bressane* fut réduite à sa grande vergue que le commandant fit installer en mât à pible sur lequel furent de nouveau établis un perroquet et la vergue de hune que l'on avait sauvée ; un grand foc servit de grande voile d'étai, un perroquet de grande voile, et un artimon fut envergué sur la corne qui était rompue. Ainsi disposé, le brig, qui ne faisait que peu d'eau et avait pour près de deux mois de vivres, était de nouveau en état de faire route pour le premier port d'Europe.

Le 10 octobre, il fut accosté par un trois-mâts anglais, *l'Endeavour*, qui ne put lui donner aucun secours en mâture. Trois jours après, le brig *l'Augia*, de Jersey, capitaine Gédéon Le Bas, qui était au vent, s'étant aperçu de l'état de détresse où était la *Bressane*, laissa porter sur elle et vint offrir ses services au capitaine Lespert qui lui donna une reconnaissance de 200 francs en échange d'une vergue et d'un mât de hune. Les jours suivants, d'autres navires anglais vinrent aussi faire leurs offres de services au capitaine qui, mettant à profit les ressources dont il pouvait disposer, fit le plus de chemin qu'il put à l'est. Arrivé à l'entrée du golfe, c'est-à-dire par les 16° de longitude nord, il trouva des vents presque constants du N.-E. à l'est, ce qui l'obligea d'aller plus au sud qu'il ne l'aurait voulu ; mais il lui était impos-

sible de prendre la bordée du nord, parce que tout
ce que la *Bressane* pouvait faire c'était de gouverner à sept quarts et demi du vent, ayant de 15 à
20° de dérive dès que la mer était un peu grosse. .

Le 28, le brig se trouvant par 43° de latitude
observée et 12° 49' de longitude ouest, le vent
soufflant bon frais et paraissant vouloir se maintenir en amont, le commandant assembla de
nouveau ses officiers, et après leur avoir fait
part de ses observations sur la situation du bâtiment, il leur exposa que, vu la saison avancée
et l'impossibilité de gagner au nord, tant que
les vents tiendraient de la même partie, il lui
semblait convenable d'atterrir au plus tôt, en
quelque endroit que ce fût. On décida unanimement qu'il fallait faire route pour Porto puisqu'on ne pouvait atteindre Vigo, et que, dans
le cas où l'on serait sous-venté de Porto, on se
dirigerait sur Lisbonne. Dans la nuit, la terre
fut aperçue, et au jour on la prolongea, par une
jolie brise de N.-N.-E. qui conduisit le brig jusque devant Vianna, où il fut pris de calme, à
8ʰ 30ᵐ du matin. Apercevant de forts brigs au
mouillage, le capitaine Lespert fit arborer nos
couleurs et tirer un coup de canon qui fit venir
un pêcheur, lequel donna l'assurance d'entrer
le brig, en attestant que la barre de Porto était
souvent impraticable. Le commandant s'étant

alors décidé à manœuvrer pour entrer à Vianna,
le pêcheur lui fit observer qu'il serait préférable
qu'il *arborât pavillon anglais*, ce à quoi il se refusa. Vers les 10 heures, le pilote du roi vint se
mettre au vent pour rallier le bord. Mais, dès
qu'il eut reconnu les couleurs du brig, et malgré les signaux qu'on lui faisait pour le décider
à accoster, il s'enfuit en criant au pêcheur qu'il
ne devait pas entrer le brig, *que tels étaient
ses ordres*. Comme le vent prenait de nouveau
faveur du N.-O. au N.-N.-O., qu'il ventait déjà
bon frais, que le temps se couvrait beaucoup
dans cette partie de l'horizon, qu'enfin l'on
pouvait présumer que l'entrée de Porto serait
refusée également, en admettant que la barre
fût praticable, le commandant se détermina à
faire route pour Lisbonne où il entra sans pilote
dans la nuit du 30 au 31, et d'où il adressa le
jour même au ministre de la marine un rapport
circonstancié de sa périlleuse navigation, rapport signalant les services qu'avaient rendus en
ces pénibles circonstances M. le lieutenant de
vaisseau Leconte, passager à bord; M. Mancel,
officier chargé du détail (1); M. Keroch, ensei-

---

(1) Cet officier, excellent observateur, et qui, d'après le rapport du
capitaine Lespert, avait déterminé de bonnes longitudes, avait, pendant la traversée de la *Bressane*, fait confectionner, avec les débris
de sa mâture, un gouvernail à la *Packenham* qui avait rendu tous les
services qu'on en pouvait attendre.

gne auxiliaire d'administration, et M. Vouvé, chirurgien non entretenu, qui, bien que passager et grièvement blessé aux deux pieds, n'en avait pas moins prodigué ses soins aux nombreux malades et blessés, notamment à son confrère M. Turquet, lequel aurait vraisemblablement succombé sans lui. L'équipage fut aussi recommandé à la bienveillance du ministre, mais plus spécialement le quartier-maître de manœuvre Lallemand et le matelot Jouan, qui s'étaient exposés pour assurer la conservation du grand mât, dernière ressource du brig. Le ministre eut égard à toutes les demandes du capitaine Lespert; seul il fut oublié dans la distribution des récompenses.

NAUFRAGE DE LA GOELETTE *LA DORIS*

La goëlette de l'Etat *la Doris*, commandée
par le lieutenant de vaisseau Jules Lemoine,
partie du Fort-Royal, le 28 juillet 1845, après
une longue et laborieuse station dans les mers
des Antilles, ralliait le port de Brest. Elle était
montée par cinquante-huit hommes d'équipage
et ramenait neuf passagers. La traversée avait
été pénible; mais la vue de cette terre de
France, si ardemment souhaitée, avait ramené
la joie au cœur de l'équipage, épuisé par une
longue navigation et par les périls auxquels il
avait échappé à la hauteur des Açores où, durant plusieurs jours, il avait été assailli par de
violentes tempêtes. Quelques minutes encore
et la *Doris* mouillait sur rade ! En effet, elle
avait déjà franchi les passes du goulet; elle
courait grande largue, refoulant avec peine,

sous toutes voiles, un fort jusant; sa voile de
fortune venait d'être carguée; on se disposait à
laisser tomber l'ancre, quand tout à coup sur-
vient une irrésistible bourrasque de O.-S.-O.
accompagnée d'un grain violent. Prise en travers par la rafale, la goëlette cède à la force du
vent, et se couchant sur bâbord, elle ouvre,
par ses panneaux, un large passage aux lames.
Quelques secondes après, on n'apercevait que
l'extrémité de ses mâts; elle avait sombré par
l'arrière.

Ce lugubre drame s'accomplissait le dimanche
14 septembre, vers 7ʰ 30ᵐ du soir. Au même
moment, le chasse-marée *le Spratcer*, capitaine
Bevin, d'Intel, coulait dans la baie de Douar-
nenez, en face du Flymion. Son équipage, plus
heureux que celui de la *Doris*, put être entièrement sauvé; mais le navire, chargé de quelques barriques de sel et de quatre à cinq mille
sardines en vert, fut brisé contre les roches et
sa cargaison perdue.

M. Binet, enseigne de vaisseau — aujourd'hui
capitaine de frégate en retraite et officier de la
Légion d'honneur — de service, ce soir là, à bord
du stationnaire, ayant vu s'éteindre subitement
les feux de conserve de la *Doris*, et pressentant
quelque malheur, fit tirer le canon d'alarme,
mit toutes les embarcations du *Robuste* à la

mer, et se dirigea lui-même, en toute hâte,
dans le canot-major, vers le point qu'occupait
la goëlette dont il entendait les cris de détresse.
Là se passait une scène déchirante. On voyait
cramponnés convulsivement à la mâture du
navire, à des pièces de bois flottantes, ou nageant en tous sens, des hommes qui luttaient
avec l'énergie du désespoir contre les vagues
près d'en engloutir un si grand nombre.

Les périlleux efforts de M. Binet furent cou-
ronnés d'un succès inespéré. Il sauva trente-
deux personnes. Pendant que l'équipage du *Ro-*
buste, obéissant à son impulsion, multipliait les
actes de dévouement et d'abnégation, il avait
de dignes émules à terre et en rade. Tels furent
particulièrement deux jeunes ouvriers, MM. Le
Gall, tôlier au port, et Brians, tailleur de pierres
au Portzic, âgés, le premier, de vingt ans, le
second, de dix-neuf; pendant deux heures, ils
bravèrent tous les périls pour ramener au rivage
les corps qu'ils voyaient à la surface de l'eau.
Tels furent encore le patron Kermaïdic et les
trois matelots Lamour, Floch et Mocaer. Malgré
la violence du vent et l'état de la mer, ils n'hé-
sitèrent pas à se porter, dans une gabarre pe-
samment chargée, au secours des naufragés.
Ajoutons à tous ces noms celui de M. Massé,
chirurgien auxiliaire de troisième classe, de

service sur la *Caravane*, actuellement médecin civil au Conquet ; il se rendit, dès les premiers indices du sinistre, sur le stationnaire où, pendant toute la nuit, il ne cessa de donner des soins aux naufragés, dont plusieurs étaient dans un état d'asphyxie presque complète.

A 11 heures du soir, une embarcation de la corvette *l'Allier*, envoyée à la recherche des victimes du sinistre, s'étant avancée jusqu'à l'entrée du goulet, recueillit quatre pêcheurs qui, depuis plusieurs heures, étaient sur la quille de leur canot, qu'une forte rafale avait fait chavirer. Sans l'arrivée de cette embarcation, ils auraient trouvé une mort inévitable dans les rapides courants du goulet.

Au nombre des noyés étaient trois officiers : le commandant et M. Papin-Guigont-Decostiers, chirurgien auxiliaire, qui tous deux succombèrent en secourant leurs compagnons d'infortune. M. Lemoine avait déjà arraché aux flots trois marins, et M. Papin, quatre. Le troisième officier était M. Giraud, enseigne auxiliaire. Le corps de ce dernier fut trouvé, dans la soirée du 25 septembre, flottant entre le stationnaire et le lieu du naufrage. Ses obsèques, auxquelles assistèrent les autorités civiles et militaires, eurent lieu le lendemain.

Le 3 octobre, à 4 heures du soir, une embarcation de la *Loire* recueillit en rade et déposa sur la cale la *Rose* un cadavre entièrement défiguré. C'était celui du commandant Lemoine. On ne put reconnaître ce jeune officier qu'à ses vêtements et à une montre d'or dont les aiguilles étaient arrêtées à $7^h 20^m$, moment où l'éternité allait commencer pour lui. Le lendemain matin, le commissaire du roi et le greffier des tribunaux maritimes constatèrent l'identité de quatorze cadavres en décomposition, qu'on trouva dans le faux-pont. Ils furent transportés à l'hôpital de la marine, et le même jour, à 3 heures de l'après-midi, la foule se pressait, avec des signes visibles de consternation, derrière quatorze cercueils.

M. le vice-amiral Grivel, préfet maritime, avait voulu que la cérémonie fût entourée d'une pompe religieuse et d'un appareil militaire qui répondissent à la grandeur de la catastrophe. Une compagnie d'artillerie et un bataillon d'infanterie de marine accompagnaient le convoi que suivaient les familles désolées de ceux qu'on allait confier à la terre. Derrière venaient les trente-six survivants de la *Doris*, ayant à leur tête le commis d'administration du bord, M. Bontemps qui, il y a quelques années encore, était commissaire-adjoint de la mairie et chef de bureau à la direction de l'intérieur, à

Cayenne, en même temps que chef du secrétariat du gouverneur, M. Tardy de Montravel. Ils étaient suivis de M. le préfet maritime, de M. le maire de Brest, de M. le commissaire de la marine, de toutes les autorités tant civiles que militaires, et d'une foule immense qui n'avait pu trouver place dans l'église Saint-Louis, dont l'autel et le chœur étaient garnis de draperies noires et d'ornements funèbres.

Arrivés au cimetière, les quatorze cercueils furent déposés dans les fosses disposées pour les recevoir. Se plaçant ensuite au centre des tombeaux, M. le préfet maritime, profondément ému, prononça ces nobles et touchantes paroles :

« Messieurs,

« Un événement aussi affreux qu'imprévu vient d'enlever au pays des citoyens utiles, et de plonger la population maritime de Brest dans la consternation ! Cette catastrophe nous fait accomplir aujourd'hui une honorable, mais bien pénible mission, celle de rendre les derniers devoirs aux restes du malheureux équipage de la *Doris*. Mortes dans un service commandé, les victimes que vous avez devant vous ont succombé pour la patrie, comme si elles avaient péri sur un champ de bataille ; aussi

leurs parents, leurs amis, toutes les autorités
d'une importante cité et un grand nombre de
ses citoyens viennent-ils honorer leur sépulture
et, au nom du pays qu'ils représentent si digne-
ment, démontrer cette consolante vérité, que
la France n'établit point de distinction dans
l'expression de sa reconnaissance, qu'elle honore le matelot comme l'amiral, et qu'elle l'accompagne également de ses regrets ! »

LA FRÉGATE A VAPEUR *LE PANAMA*

SAUVÉE PAR LES MÉCANICIENS TURCAN ET ARA

———

Partie d'Oran, le 9 janvier 1848, la frégate à vapeur *le Panama*, commandant M. le capitaine de vaisseau Belvèze, ramenait d'Algérie en France huit cent cinquante hommes de troupes. Elle avait eu très beau temps depuis son départ jusqu'au moment où l'on reconnut les Baléares. Le vent, favorable jusqu'alors, commença à souffler avec violence du N.-E.: la mer devint en un instant très grosse et extrèmement fatigante pour le navire, mais plus encore pour les pauvres passagers, parqués dans les batteries que l'eau, qui tombait à bord avec abondance et continuité, avait transformées en de véritables lacs. Le temps ne changea que le 12 au matin, et à part un triste épisode, toute la matinée se serait bien passée. Un caporal de la légion étrangère, dont le mal de mer avait troublé la raison, se précipita dans les flots. Le commandant fit mettre aussitôt une embarcation à la mer ; mais on ne put retrouver ce malheureux dont la mort fut jugée avoir dû être instantanée.

Pendant le reste de la journée du 12, la mer devint très mauvaise et le vent souffla avec fureur. Cependant, grâce à sa solide construction, le *Panama* put encore soutenir sa marche. Dans la nuit du 12 au 13, un cri sinistre, répété par douze cents hommes, vint jeter l'épouvante : le feu était à bord. Dans un mouvement de roulis, une barrique remplie de graisse, et que l'on avait négligé d'amarrer, avait été renversée dans la batterie-arrière ; le feu s'y était communiqué et menaçait de s'étendre au reste du navire. Le danger était d'autant plus imminent que le vent, dont la fureur redoublait, facilitait les progrès de l'incendie. Après les premiers instants d'une terreur et d'un désordre impossibles à décrire, les postes d'incendie furent assignés à tout le monde ; la batterie fut inondée, et après une heure de travaux, on parvint à se rendre maître du feu.

Ce premier danger passé, on espérait pouvoir arriver sans nouvel accident ; mais on avait à lutter contre les éléments en fureur et contre des dangers autrement sérieux que ceux qu'on venait d'affronter.

La journée du 13 s'annonça menaçante ; le vent, qui, les jours précédents, avait varié entre le N.-O. et le N.-E., se fixa définitivement au N.-O., et continua de souffler de cette partie avec toute la furie du plus épouvantable ouragan. En quelques instants, la chaloupe et une yole, solidement amarrées sur les porte-manteaux, à une hauteur de près de 10 mètres de la mer, sont enlevées par les lames qui prennent de l'avant à l'arrière, et tombent à bord avec un fracas horrible ; la poulaine, les tambours et une partie de la muraille que la frégate présente à la mer et au vent sont brisés comme de frêles planches. A chaque instant, on s'attend à voir la frégate sombrer sous la masse énorme d'eau qui l'envahit de toutes parts. Les cris de détresse des passagers, les craquements du navire, les hurlements du vent, tout concourt à rendre la position des plus critiques.

Le vent diminua pendant la nuit. Mais le 14, à 8 heures du matin, un cri, répété à l'instant par mille voix, s'élève des profondeurs de la frégate : *Nous coulons ! nous coulons !* Tout le monde se précipite sur le pont, sur les batteries, chacun veut disputer à la mort un reste d'existence que la mer va engloutir à jamais. L'eau est

au niveau du parquet des chauffeurs, on la voit
s'élever insensiblement, bientôt elle va envahir
la machine et tout sera dit. Tout le monde se
met à pomper ; mais, fatalité ! la frégate, en
partant de Toulon, y a laissé ses grandes pompes
de l'arrière, et n'a emporté que celles de l'avant,
d'une très faible dimension, et cependant l'eau
gagne toujours. Il faut employer des moyens
extrêmes ; une chaine, formée de l'équipage et
des huit cent cinquante passagers, est organisée ;
bidons, gamelles, seaux, casquettes, tout est
bon pour enlever l'eau. Mais malgré l'activité et
les efforts surhumains de tous ceux qui servaient
les pompes, la frégate et tous ceux qu'elle portait étaient condamnés à une mort certaine, si
le contre-maître mécanicien Turcan, voyant que
les recherches de la voie d'eau étaient sans résultat, n'avait, à quatre reprises, plongé dans
une voussure pleine d'eau à 45 degrés de chaleur sous laquelle était placé le tuyau d'injec-
tion qui était crevé. La voie d'eau ainsi reconnue put être aveuglée. Le mécanicien Ara, se
plaçant sur le balancier de la machine, au risque
d'avoir, à chaque mouvement, la tête brisée,
répara le tuyau ; puis, le parquet lui manquant
sous les pieds, par l'élévation progressive de
l'eau, il se fit soutenir à flot, dans la cale, au
moyen de cordages, et parvint à entretenir à la

fois le feu de quatre fourneaux qui, en alimentant la production de la vapeur, assurèrent au *Panama* le moyen de se réfugier le 15 janvier dans le port de Saint-Pierre (Sardaigne).

Sur la demande du commandant Belvèze, appuyée par le préfet maritime de Toulon, et sur le rapport du ministre de la marine, le roi, par son ordonnance du 7 février 1848, récompensa l'héroïsme du contre-maître Turcan et du mécanicien Ara, en les nommant chevaliers de la Légion d'honneur.

LA TEMPÊTE DU 14 NOVEMBRE 1854

DANS LA MER NOIRE

Des signes précurseurs d'une tempête s'é-
taient manifestés dès le 13 novembre. L'horizon
était sombre, l'air lourd, la mer grosse ; la brise
inégale et variable avait brusquement sauté du
sud à l'ouest. Le soir, sur le signal du vice-
amiral Hamelin, commandant en chef de l'armée navale, chaque vaisseau embarqua ses
chaloupes ainsi que ses canots, et mouilla une
seconde ancre. La nuit fut sombre ; l'artillerie
de Sébastopol en dissipait seule, par moments,
l'obscurité.

Le 14, les présages de la veille se réalisèrent.
Au point du jour, le vent, qui soufflait de terre,
avait tourné au S.-E. A $6^h 30^m$, il sauta au S.-O.
et augmenta avec une intensité graduelle. Le
ciel était noir et la pluie tombait par torrents.
A 8 heures, la tourmente redouble d'énergie.

et, sur tous les points, la lutte s'engage entre les vaisseaux et les éléments déchaînés. Ici, c'est un trois-mâts anglais qui brise ses chaînes, s'abat sur un bâtiment de la même nation qu'il entraîne rapidement vers la côte; la corvette *le Sampson* qu'ils abordent échappe, par la chute de sa mâture entière, au sort qu'ils éprouvent au milieu des brisants de la plage. Plus loin, le *Jupiter*, qui a aussi rompu ses chaînes, chasse sur le *Bayard* et broie ses embarcations de l'arrière sur le beaupré de ce vaisseau. Quelques minutes encore, et ces deux vaisseaux se briseront l'un contre l'autre et seront engloutis ! Mais le commandant Borius a rapidement filé sa chaîne de grande touée, et le *Bayard*, s'éloignant d'un bond convulsif, sauve ainsi les deux vaisseaux d'une catastrophe imminente.

Cependant la tempête augmente toujours. C'est au mouillage de la Katcha, où sont rassemblés tous les vaisseaux à voiles, qu'elle fait redouter le plus de désastres. A 4 heures, le vent tourne à l'ouest, le baromètre ne descend plus, le vent est moins violent. On croit que l'ouragan va s'apaiser. Vain espoir ! Au moment où la nuit se fait, la tempête recommence.Vers 10 heures du soir, un coup de mer brise le gouvernail de la *Ville de Paris*.

Le port de Kamiech, où étaient les vaisseaux à hélice sous les ordres du vice-amiral Bruat, tout abrité qu'il est, était bouleversé, beaucoup moins pourtant que celui de Balaclava où les navires entassés s'entrechoquaient ; leurs vergues et leur grément, violemment enlacés, se brisaient avec fracas. Au grondement de la tempête se mêlait, par intervalles, celui du canon tiré par les vaisseaux en détresse.

A terre, les tentes et les abris étaient renversés ; les toiles des baraquements, où étaient couchés les malades et les blessés, s'affaissaient avec fracas ou tourbillonnaient dans l'espace ; l'air était rempli de vêtements en lambeaux, d'objets de toute sorte que le vent emportait dans ses bourrasques furieuses.

Au milieu de ce bouleversement général, les marins attachés à terre ne songeaient qu'à leurs vaisseaux, leur seconde patrie, et impatients d'en connaître le sort, ceux que leur service ne retenait pas aux batteries, cherchaient à s'en assurer malgré l'obscurité de la nuit. Le jour leur montra la mer jonchée d'épaves. Tous les vaisseaux avaient plus ou moins d'avaries. Treize navires du commerce étaient échoués à la côte.

Quelques matelots, assez heureux pour avoir échappé à la mort, s'étaient réfugiés sur les débris de leurs bâtiments, et les Cosaques, avides de saisir leur proie, rôdaient comme des bandes de bêtes fauves autour des naufragés que leur disputaient les vagues mugissantes. Les équipages des vaisseaux assistaient à ce cruel spectacle, sans pouvoir rien, hélas! pour ces infortunés. Cependant la *Ville de Paris* met, à tout risque, deux embarcations à la mer, et d'intrépides marins, l'élite du vaisseau amiral, veulent tenter de porter secours à leurs frères d'armes. Pendant ce temps, un des vaisseaux lançait quelques obus contre les Cosaques. Bientôt l'on vit, au milieu des vagues, bondir les deux canots qui se dirigeaient vers la côte. A la nuit, l'un d'eux revint seul, annonçant que l'autre — une baleinière — avait été roulée à la plage, et que les quatre hommes qui la montaient, impuissants, malgré leur courage et leurs efforts, à triompher des brisants de la côte, avaient péri victimes de leur dévouement.

Pendant toute la journée du lendemain, des embarcations françaises et anglaises travaillèrent avec ardeur à sauver les naufragés que l'on apercevait encore sur les carcasses des bâtiments échoués; la mer était plus calme, et l'on put parvenir jusqu'à eux. Les vapeurs mouillés le long de la côte protégeaient cette opération en tenant avec leurs obus les Cosaques à distance.

C'est surtout aux environs de Balaclava que de nombreux sinistres furent signalés. Dix bâtiments marchands anglais s'échouèrent contre les falaises abruptes qui avoisinent ce port. La marine anglaise perdit aussi le magnifique transport le *Prince*, chargé d'approvisionnements de tout genre et d'habillements pour l'armée expéditionnaire.

On porte à quatre cents environ le nombre des marins qui périrent dans cette effroyable tourmente. La plus grande partie étaient Anglais.

À ce tableau général de la tempête du 14 novembre, résumé du récit de M. le baron de Bazancourt (*L'expédition de Crimée. — La marine française dans la mer Noire et la Baltique.* t. Iᵉʳ, pages 352-361), nous ajouterons les rapports des capitaines du *Henri IV* et du *Pluton*. Les éléments conjurés triomphèrent de l'énergie et de l'habileté de ces capitaines, mais leurs nobles sentiments se reflètent dans les rapports suivants qu'ils adressent au vice-amiral Hamelin, commandant en chef :

*Rapport adressé à M. le vice-amiral comman-
dant en chef l'escadre de la Méditerranée par
M. le commandant du* HENRI IV.

Baie d'Eupatoria, le 14 novembre 1854.

Amiral,

J'ai la douleur de vous annoncer que mon vaisseau est à la côte depuis hier au soir à 20 milles au sud d'Eupatoria, et que je n'ai aucun espoir de l'en retirer, dans la saison où nous sommes.

Ce triste événement est dû à la rupture successive de mes quatre ancres pendant la tempête que nous venons d'essuyer, et qui, bien que moins violente, dure encore au moment où j'écris.

Toutes les précautions que conseillait la prudence avaient été prises. La bouée de l'ancre de bâbord, qui était celle qui travaillait avec les vents du large, était de 120 brasses sur un fond de 8 brasses, et je m'étais affourché nord et sud dès mon arrivée. De plus, chaque fois qu'il ventait un peu frais, je laissais tomber l'ancre de veille de tribord qui était ma meilleure. Je n'avais pas manqué de le faire, hier, lorsque je vis la mauvaise apparence du temps. Je fis ensuite caler les mâts de hune, amener

les basses vergues sur le porte-lof, et mouiller
une seconde ancre de veille, ce qui m'en faisait
quatre dehors, c'est-à-dire, tout ce que je pos-
sédais, puisque j'en avais perdu une à Baltchick
par suite de rupture de chaîne en dérapant, et
qu'une autre avait été cassée par un boulet dans
le combat du 17 octobre.

Je devais, amiral, me croire en sécurité avec
quatre fortes ancres dehors, lorsque, dans une
très forte rafale, avec saute de vent, la chaîne
de tribord cassa net au portage de la bitte.
A 11 heures, celle de bâbord, qui avait souvent
filé, chaînon par chaînon, malgré les stoppeurs
et les coins, et qui était arrivée à au moins 150
brasses, en fit autant. Nous vînmes alors à l'appel de l'ancre de veille de tribord dont le levier
de stoppeur se brisa; mais la chaîne ayant fait
une coque à l'écubier du puits, elle tint bon au
septième maillon (126 brasses) jusqu'à 5ʰ 10ᵐ
du soir, instant où elle cassa dans un violent
coup de tangage. Celle de bâbord travaillant
alors seule ne résista pas une minute, et ce fut
avec terreur que j'entendis la double secousse
qui m'apprenait que tout espoir de résister à la
tempête était perdu, et qu'il fallait se résigner
à aller à la côte, comme l'avaient déjà fait, sous
mes yeux, dans cette fatale journée, douze ou
quinze autres bâtiments, au nombre desquels

se trouvent la corvette *le Pluton*, arrivée depuis quatre jours seulement, et un vaisseau turc, portant pavillon de contre-amiral, qui ont, sans doute aussi, cassé toutes leurs chaînes.

Certain de n'être plus tenu par rien, je fis hisser le petit foc pour faciliter l'abattage du vaisseau sur tribord, et éviter les navires mouillés à terre de moi ; puis, après les avoir parés, je fis border l'artimon afin d'aller m'échouer le moins loin possible de la ville, et de pouvoir communiquer avec elle par la langue de sable qui nous sépare du lac Salé, sans être inquiété par les Cosaques qui ne manqueraient pas de venir rôder autour de nous.

La nuit était très obscure quand nous commençâmes à toucher. Je fis en sorte d'échouer l'avant à terre perpendiculairement à la côte ; mais d'énormes brisants, prenant le vaisseau par la hanche de bâbord, le portèrent petit à petit pendant toute la nuit, et même aujourd'hui dans la matinée, dans une direction presque parallèle au rivage, et le sable mouvant remplissant à l'arrière la souille à mesure que la carène se déplaçait dans son agitation continue, il en est résulté, chose incroyable, que nous sommes déjaugés de 4 mètres et demi à l'arrière et de 4 mètres à l'avant, et que notre distance du rivage n'est que de 60 mètres au plus.

La situation du *Henri IV,* au moment où j'ai l'honneur de vous écrire, est celle-ci : incliné un peu sur tribord, presque parallèlement à la côte, le cap au N.-N.-E., la seconde indiquant 3^m 35 à l'arrière, 2^m 30 à l'avant, 4 mètres par le travers à bâbord et 3^m 20 par le travers à tribord. Il a fait sa souille, et il n'éprouve plus les secousses qui l'ont tourmenté pendant dix-huit heures. Le vaisseau n'est pas défoncé, puisque les pompes ordinaires suffisent pour étancher l'eau de la cale, et qu'elles ne fonctionnent pas toujours.

Le gouvernail est démonté et je crois ses ferrures brisées, de même que celles de l'étambot.

Le vaisseau n'a plus d'autres ancres que celles à jet. Deux des bouts de chaîne restés à bord sont engagés sous la quille. La chaloupe est à la côte ; je la suppose réparable. Le grand canot, le canot-major et ma baleinière sont entièrement hors de service. Les deux canots moyens ont été aussi jetés à la côte à Eupatoria, où ils étaient occupés, le 14 au matin, pour l'embarquement des bœufs ; mais ils peuvent être et seront réparés. Quant aux chalands, ils sont coulés et probablement en pièces. La mâture est intacte. J'ai fait déverguer les voiles, envoyer en bas les vergues et manœuvres courantes. Je ferai dépasser les mâts de hune dès que je le pourrai.

J'ai pu, au moyen du youyou, établir un va-et-vient avec la terre ; mais la mer est encore trop grosse pour entreprendre le sauvetage des cent dix malades que je compte à bord. Je me suis contenté de faire passer au commandant supérieur d'Eupatoria des munitions pour obusiers de montagne, en remplacement de celles qu'il avait consommées avec succès la veille sur la cavalerie russe.

Nos batteries sont restées chargées, et j'ai eu l'occasion ce matin de faire usage de nos caronades pour faire rebrousser chemin à une cinquantaine de Cosaques, qui s'avançaient au grand galop pour s'emparer des hommes de mon youyou restés à terre, et qui ne pouvaient réussir à remettre à flot cette petite embarcation.

Voilà, amiral, la situation actuelle du *Henri IV*, de ce beau vaisseau dont j'étais si fier... elle est bien triste, et je ne vous parlerai pas de la douleur que j'en éprouve ; vous êtes fait pour la comprendre et pour me plaindre.

J'espère que ma santé se soutiendra assez pour me permettre d'achever jusqu'au bout les devoirs que j'ai à remplir envers l'Etat et envers mon équipage ; quant à mon courage, il ne faillira pas.

Je n'ai pas encore pu communiquer directement avec le commandant du *Pluton*, mais il est venu sur la plage vis-à-vis de mon vaisseau, et m'a fait dire par un de ses matelots que son bâtiment étant défoncé et son entre-pont envahi par la mer, il l'avait évacué ce matin sans perdre un seul homme. M. Fisquet est à Eupatoria avec tout son équipage, qui a pu aussi sauver ses effets. Le rapport de cet officier supérieur vous fera connaître en détail les circonstances de son malheur qui ne fait qu'ajouter au mien.

J'ai signalé au *Lavoisier* qui, lui aussi, a cassé une de ses chaînes, et n'a tenu sur l'autre qu'au moyen de sa machine, de faire route pour vous faire connaître notre fâcheuse situation, dès que le temps le lui permettrait.

Je n'évacuerai pas mon vaisseau tant qu'il en restera un morceau pour me porter et y faire flotter les couleurs nationales. J'attends les secours qu'il vous sera possible de m'envoyer, amiral, afin de sauver, en fait de vivres et de matériel d'armement, tout ce que je pourrai. Ne pouvant déposer ces objets sur une terre ennemie, il me faut des bâtiments pour les recevoir et les porter aux autres vaisseaux de l'escadre.

Mon équipage, affaibli considérablement par les détachements que j'ai fournis tant pour le siége de Sébastopol que pour la garnison d'Eupatoria, se trouve réduit à un petit nombre de matelots valides, d'où il résulte que les moindres travaux sont pour nous très difficiles, et que ceux qui demandent beaucoup de force sont impossibles. Du reste, amiral, je suis heureux de le dire, mon équipage est admirable de zèle et de discipline, chaque homme tâche de doubler sa force et vole à mon moindre commandement. Quant à mes officiers, ils me secondent en tout avec cette parfaite entente du service, ce courage et ce dévouement de cœur dont je vous ai souvent entretenu dans d'autres circonstances, et qui ne pouvaient faillir dans celle-ci. Tout le monde a fait et fera son devoir jusqu'à la fin avec la plus entière abnégation, vous pouvez y compter, amiral; et si la marine perd un de ses beaux vaisseaux, on ne peut s'en prendre qu'à la tempête qui a été plus forte que nous, et nous a jetés à la côte malgré tous les moyens employés pour lui résister.

Dans ma dernière lettre, qui n'a que quelques jours de date, il semble que je pressentais le malheur qui allait me frapper, lorsque je vous disais que « je me considérais comme en perdition sur la rade d'Eupatoria, lorsque viendrait un fort coup de vent de S.-O.; » ma crainte n'a pas tardé à se réaliser.

J'aurai l'honneur de vous faire connaître plus tard les noms des personnes qui se sont plus particulièrement distinguées dans notre naufrage, et d'appeler sur elles la bienveillance du gouvernement. Je me borne, pour le moment, à citer M. André, enseigne de vaisseau, et le quartier-maître de manœuvre Gournay (Joseph), qui ont fait le premier voyage à terre avec une faible embarcation que les brisants couvraient à chaque instant, pour aller établir le va-et-vient qui devait servir au salut de tous, si le vaisseau s'était ouvert.

Je suis, etc.

Le commandant du *Henri IV*,

JEHENNE.

Rapport adressé à M. le vice-amiral comman- dant en chef l'escadre de la Méditerranée par le commandant du PLUTON.

Baie d'Eupatoria, le 16 novembre 1854.

Amiral,

J'ai à remplir le pénible devoir de vous ren- dre compte de la perte de la corvette à vapeur *le Pluton*, dont le commandement m'était confié.

Le *Pluton* avait mouillé, le 10 octobre dernier, devant Eupatoria, par cinq brasses, relevant le moulin le plus à l'est, au nord 16° est, et la mosquée au nord 60° ouest.

La ville était tenue en alerte par des milliers de Cosaques et menacée d'une attaque sérieuse. J'avais dû prendre ce mouillage le plus près de terre possible, quoique cependant encore à 700 mètres du rivage, pour être à portée, avec l'artillerie du *Pluton*, de défendre les approches de l'est d'Eupatoria.

Le bâtiment était affourché S.-E. et N.-O.; il avait essuyé dans cette position un fort coup de vent du sud à l'ouest dans la nuit du 10 au 11, un second coup de vent dans la matinée du 13. Les ancres n'avaient pas cédé, et cette épreuve pouvait me rassurer sur la sécurité du navire. Les mâts de hune étaient calés et les vergues sur le porte-lof.

Le 14 au matin, la brise était au N.-E.; pas de mer. Tout présageait le beau temps. Un de nos canots est allé aux provisions, et à 7ʰ 30ᵐ, sur le signal du *Henri IV*, j'ai envoyé nos deux autres canots et nos canots-tambours à terre pour l'embarquement des bœufs à bord du *Lavoisier*; c'était quarante matelots hors du bord.

Vers 8 heures, un grain s'est élevé de l'est avec mauvaise apparence. Le baromètre est descendu subitement à 740 millimètres ; le grain a donné avec pluie et grêle, par violentes rafales, qui ont varié au S.-E., puis au sud.

Nous avons filé six maillons de la chaîne bâbord et quatre de celle de tribord. Cette dernière ne faisait rien. Les feux ont été poussés prêts à mettre en marche.

J'ai fait étalinguer un grelin sur l'ancre de la cale ; mais cette ancre n'ayant pas passage entre l'ellipse et les tambours, il a fallu se disposer à la jeter par-dessus le bord à l'arrière des tambours. Pendant l'opération, j'ai vu un trois-mâts anglais en dérive qui allait tomber sur nous.

J'ai envoyé aussitôt tout le monde aux deux stoppeurs, prêt à filer l'une ou l'autre chaîne. Nous avons filé bâbord. La chaîne de tribord a rappelé, et le trois-mâts nous a parés ; il est allé à la côte. Plusieurs bâtiments y étaient déjà, d'autres coupaient leurs mâts pour tenir.

La mer, tourmentée, grossissait toujours. Le vent avait tourné au S.-O. et à l'ouest, et malgré sa violence, nous restions évités au courant du sud, présentant le travers à la lame et à la mer. J'ai renoncé à faire jeter l'ancre de la cale ; elle eût risqué, en tombant sous le bâtiment, de le crever.

Nous marchions en avant, doucement, avec la machine, de manière à soulager les chaînes sans cependant les empêcher de travailler.

J'avais pris des alignements à terre. Ils n'avaient pas varié depuis trois jours. J'étais assuré que nos ancres tenaient bon.

Vers midi, un transport anglais démâté a cassé ses chaînes. Nous le relevions dans le S.-S.-O., à une encâblure, et malgré la force du vent d'ouest, le courant le portait sur notre bossoir de tribord. Nous allions être écrasés et coulés sur place.

J'ai fait établir la grande voile goëlette pour éviter au vent et fait faire machine en avant à toute vapeur. Notre avant a paré, mais cet énorme trois-mâts nous a élongés par bâbord, et à mesure que nous le dépassions, chaque lame alternativement nous lançait au-dessus de lui, et nous laissait retomber sur son cuivre. Dans ces chocs, nos vergues ont été cassées, nos porte-manteaux et leviers en fer de mise à l'eau des canots-tambours tordus, le tambour de bâbord et l'arrière craqués. La machine a cependant pu continuer à marcher ; mais, sitôt dégagé, j'ai été obligé de stopper pour faire parer des manœuvres et des bouts de chaînes de balancines cassées qui se pressaient dans les aubes.

Un officier, M. Boulet, a reçu un morceau de bois sur la tête ; il a fallu le transporter sans connaissance.

Sitôt les aubes dégagées, nous avons remis en marche, et tout danger semblait évité. Malheureusement, la lourde chaîne de ce bâtiment raguait sur les nôtres. Celle de tribord a cassé, et celle de bâbord a été déchaussée. Malgré notre grande voile, malgré notre machine, nous n'avons pu revenir au vent. Les alignements ont commencé à varier ; nous allions en travers à la côte.

A midi et demi, nous avons commencé à talonner ; peu après le gouvernail a été démonté. Les ébranlements du navire sont devenus terribles. Chaque lame nous couchait, tantôt sur tribord, tantôt sur bâbord. J'ai essayé de tenter l'abattage sur bâbord en béquillant avec la vergue du grand hunier. Cette vergue dans le sable mouvant n'a produit aucun effet. Le bâtiment s'est couché du côté du large pour ne plus se relever.

Dans ce moment une vive canonnade s'est fait entendre. La ville était attaquée par six mille Russes et seize pièces de canons. Des escadrons de Cosaques s'avançaient à l'est du côté que nous devions appuyer avec notre artillerie. Le *Pluton* pouvait rendre encore un dernier service. Nous avons fait branle-bas de combat, chargé les petites armes et dirigé deux pièces du côté de l'ennemi. Nous étions prêts à commencer le feu dès que les Cosaques arriveraient à portée. Ils ont trouvé les défenses de la ville trop bien prises et se sont retirés.

L'eau gagnait rapidement. La soute aux poudres était pleine. J'ai fait monter tout ce qu'on a pu en retirer de munitions et fait mettre en réserve quelques sacs de biscuit et de l'eau.

A la nuit, les lames balayaient le gaillard d'arrière. J'ai été obligé de faire évacuer complètement, et j'ai fait monter les effets de l'équipage dans les jardins du tambour de bâbord.

La nuit a été longue et froide. Le vent n'a pas molli. La mer nous couvrait de plus en plus. A une heure, la mer a gagné le faux-pont avant. J'ai fait placer les malades et les mousses sur l'avant du tambour de bâbord, et le reste de l'équipage s'est groupé à bâbord devant.

Le jour s'est fait sur ce désastre. Seize bâtiments avaient fait naufrage, et nous avons éprouvé le chagrin de reconnaître le vaisseau *le Henri IV* échoué.

Les habitants du pays ne se rapellent pas avoir vu un pareil coup de vent. La moitié des moulins ont été renversés, et des maisons, situées au bord de la mer, ont eu des pans de muraille abattus.

Le *Pluton* était complètement perdu, ensablé à 80 mètres de la plage, les bordages du pont disjoints, l'arrière se séparant de l'avant. Chaque lame, en déferlant, montait sur le pont jusqu'au bord opposé. Enfin l'entre-pont était plein d'eau.

Il y avait urgence, pour la sûreté et la vie des hommes, d'évacuer le bâtiment ; je m'y suis décidé.

J'ai fait mettre à la mer le youyou ; deux hommes dévoués s'y sont embarqués et ont nagé vers la côte, pendant que nous filions une ligne de loch dont ils avaient le bout. Une lame les a roulés à terre, ils ont hâlé la ligne, nous avons filé un faux-bras, et le va-et-vient étant établi, nous avons ramené à bord le youyou.

Le débarquement s'est opéré quatre par quatre, en commençant par les malades, les mousses et les hommes qui ne savent pas nager. L'embarcation remplissait souvent à la dernière lame. Les hommes qu'elle transportait étaient enlevés aussitôt par les premiers débarqués et par M. Granderie, enseigne de vaisseau, que j'avais envoyé pour veiller au débarquement.

Quand tous ceux pour lesquels le passage

présentait des dangers ont été en sûreté à terre,
M. André, commis d'administration, a descendu à
la comptabilité, et M. Pignoni, chirurgien, quelques médicaments.

J'ai fait envoyer à terre les effets de l'équipage, l'obusier de douze et quelques munitions.

Le reste de l'équipage, les maîtres, M. Boulet,
lieutenant de vaisseau, sont descendus successivement, et à une heure, après avoir fait une
ronde dans le bâtiment, le maître d'équipage
Gaubert et M. Bocher, mon second, se sont
embarqués ; moi-même, dernier, j'ai quitté le
Pluton, le cœur navré, mais avec une consola-
tion, s'il en est une pour l'officier qui voit perdre
le bâtiment qu'il commandait, de voir tout l'é-
quipage sauvé et de pouvoir dire, avec une
conscience nette, que tous ont bien fait leur
devoir.

Au milieu de ce coup de vent, un bâtiment
malheureux avait entraîné le *Pluton* dans sa
perte.

M. d'Osmond, commandant de place, avec
une sollicitude pour laquelle je ne saurais trop
témoigner ma reconnaissance, avait envoyé des
chariots pour le transport des bagages, et avait
fait préparer des logements dans lesquels les
hommes ont pu, en arrivant, se sécher et se
remettre d'une si rude épreuve.

Dans ce désastre, amiral, les officiers et l'équipage du *Pluton* ont été admirables de sang-froid et de dévouement. Veuillez me permettre de les signaler à votre estime et à votre bienveillance.

Je suis, etc.

Le commandant du Pluton,

FISQUET.

Les commandants du *Henri IV* et du *Pluton* durent, aux termes de la loi, comparaître devant un conseil de guerre; ce n'était, ce ne pouvait être pour l'un et pour l'autre, qu'une simple formalité. Toutefois, ils eurent lieu d'être satisfaits, d'y avoir été assujettis, car la décision du conseil, en prononçant leur acquittement, constata qu'ils avaient, de tous points, rempli leurs devoirs et fait preuve de toute l'habileté, de tout le courage que demandaient les circonstances.

L'Empereur sanctionna les deux jugements d'une manière caractéristique en élevant, le 3 février 1855, M. Jehenne au grade de contre-amiral, et, le 7 juin suivant, M. Fisquet à celui de capitaine de vaisseau.

Le rapport qui précédait le décret relatif à M. Jehenne honore trop cet officier supérieur pour que nous ne nous fassions pas un devoir de le reproduire ici :

Sire,

Le capitaine Jehenne, commandant du *Henri IV*, avait été proposé par l'amiral Hamelin, avant l'ouragan du 14 novembre, pour le grade de contre-amiral.

L'habileté, l'énergie, le dévouement de cet officier supérieur ont été vaincus par la fureur des éléments ; mais la marine et l'armée ont été témoins du sang-froid et de la vigueur qu'il a déployés pour arracher au naufrage le vaisseau que Votre Majesté lui avait confié.

En lui rendant son épée, le conseil, qui a jugé M. Jehenne, a reconnu, à l'unanimité, que nul n'était plus digne que lui des faveurs de Votre Majesté.

L'Empereur, dans sa haute justice, n'a pas voulu qu'un grade, acquis par de brillants services, fût perdu dans une lutte contre la terrible tempête qu'aucun effort humain ne pouvait conjurer.

J'obéis à ses ordres en lui soumettant le décret qui confère à M. le commandant Jehenne le grade de contre-amiral.

Th. Ducos.

PERTE DE LA FRÉGATE *LA SÉMILLANTE*

———

Partie de Toulon, le 14 février 1855, avec
une brise d'ouest assez fraîche, la frégate *la
Sémillante*, commandée par le capitaine de
frégate Jugan, portait trois cents hommes d'é-
quipage et trois cent quatre-vingt-treize hommes
de troupes, qui rejoignaient l'armée d'Orient.
Les bonnes qualités nautiques de cette frégate,
ses excellentes conditions de navigabilité, —
elle était loin d'être aussi chargée en personnel
et en matériel qu'elle aurait pu l'être, — l'habileté éprouvée de son commandant, tout enfin
concourait à lui présager une heureuse traversée. Aussi quelle fut la consternation quand on
apprit qu'elle avait péri corps et biens ! La première pensée des marins fut que le sinistre
n'avait pu avoir lieu que sur les roches des bouches de Bonifacio pendant la tempête qui avait
désolé ces parages dans la nuit du 15 février.

Tout portait à croire, en effet, que la *Sémil-lante*, à sa sortie de Toulon, avait gouverné de manière à passer par le canal qui sépare la Sardaigne de la côte d'Afrique. Les navigateurs savent qu'en dépassant le parallèle des Baléares, il arrive souvent que les vents d'ouest, qui dépendent du nord avant d'atteindre cette limite, ont une tendance marquée à hâler du sud à partir de ce point. Dès lors, il était probable que, quand la *Sémillante* était parvenue à cette hauteur, les vents lui ayant refusé et l'ayant rapprochée des côtes de Sardaigne, le capitaine Jugan, en marin expérimenté et pour éviter, par gros temps et forte mer, de se laisser affaler sur la terre et d'être contraint à louvoyer, avait pris le parti de donner dans les bouches de Bonifacio, cette manœuvre étant la seule qu'il y eût à faire.

Qu'était-il ensuite arrivé? La tempête était parvenue à un maximum d'intensité effrayant, au dire des rapports qui furent adressés des côtes de la Corse; peut-être le phare de l'île Razzoli était-il embrumé par l'effet du temps. Dans de semblables circonstances, la frégate entraînée avec une vitesse impossible à maîtriser, par un vent d'ouest d'autant plus terrible qu'il était resserré entre deux côtes formant entonnoir, avait donné avec une violence incalculable sur l'écueil Lavezzi. Ce qui portait à croire que ce terrible choc avait eu lieu, c'est que les débris recueillis formaient comme une montagne d'objets brisés en morceaux et en quelque sorte hachés. Si le bâtiment avait sombré, tout aurait disparu, ou les épaves venues à la côte auraient, pour ainsi dire. conservé leurs formes premières.

Ces conjectures n'étaient que trop fondées. C'est en effet sur l'îlot Lavezzi que des pêcheurs avaient recueilli, d'abord un chapeau de marin, puis des débris de sabres d'artilleurs, de fusils, d'effets d'habillements militaires, etc. Les recherches immédiatement entreprises par les soins de l'autorité maritime, de la douane, du commandant de la place de Bonifacio, des embarcations de l'aviso à vapeur de l'État, *l'Averne*, commandé par M. le lieutenant de vaisseau Bourbeau, firent bientôt retrouver d'autres épaves : des morceaux de carcasse de navire, de mâts, de vergues garnies de leurs voiles ferlées, des chapeaux de matelots, un reste de soutane. des képis, des shakos, le livre-journal de la *Sémillante*, etc.

Sur l'ordre du ministre de la marine, l'aviso *l'Averne* procéda à de nouvelles perquisitions dans le but de recueillir, sinon quelques malheureux naufragés échappés au désastre de la

Sémillante, au moins leurs dépouilles qui réclamaient une sépulture chrétienne et quelques renseignements sur ce douloureux événement de mer.

Les résultats de la mission du lieutenant Bourbeau sont consignés dans trois rapports qu'il adressa les 2, 6 et 13 mars 1855, à M. le préfet maritime de Toulon, rapports que nous extrayons, comme l'exposé qui précède, du *Moniteur de la flotte*, et qui donnent des détails circonstanciés sur les ravages causés par l'horrible tempête du 15 février.

Bonifacio, le 2 mars 1855.

Amiral,

L'*Averne*, parti de Livourne, le 28 février, a touché le 1er mars au matin à Porto-Vecchio pour y prendre des renseignements, et est arrivé le même jour, vers midi, à l'îlot de Lavezzi, sur lequel, le fait est malheureusement trop certain aujourd'hui, s'est perdue la frégate *la Sémillante*.

Le spectacle que présente cette côte est navrant et donne une terrible idée de la furie de l'ouragan qui a pu briser en morceaux aussi menus un bâtiment de cette force, porter à des hauteurs considérables quelques tronçons de ses mâts, et prendre des quartiers du navire pour les éparpiller à plusieurs encâblures de distance, en les faisant passer par-dessus des pointes de rochers élevés de plusieurs mètres au-dessus du niveau de la mer.

J'ai d'abord visité en embarcation les différentes criques où se trouvent les principaux débris ; puis, dirigé par le patron de la balancelle *l'Aigle* n° 1, que j'ai trouvé sur les lieux, j'ai fait le tour de l'île.

Il faut, je le crains, amiral, perdre tout espoir de retrouver jamais quelques-uns des malheureux qui étaient à bord et même de connaître exactement le moment du sinistre et les circonstances qui l'ont occasionné.

Dans la journée du 15 février, un ouragan de la partie de l'O.-S.-O., comme les vieux marins du pays ne se souviennent pas d'en avoir jamais vu, a éclaté dans les bouches de Bonifacio, et a duré de 5 heures du matin jusqu'à minuit, presque constamment avec la même violence.

Dans la ville, la plupart des toits des maisons ont été emportés, une maison s'est écroulée, une personne a été tuée et deux autres blessées sous les décombres.

Un douanier de service sur le quai a été jeté à la mer par la violence du vent, et, pour le secourir, le second maître de manœuvre Aimo, patron de la balancelle *l'Aigle* n° 1, a dû se coucher à plat ventre pour lui tendre la main sans être entraîné lui-même.

Vous aurez une idée exacte de cette tourmente, amiral, lorsque vous saurez que l'embrun passait par-dessus la falaise élevée sur laquelle est bâtie la ville de Bonifacio et venait se déverser dans le port.

Je n'exagère rien, amiral.

M. Piras, âgé de soixante-quinze ans, maire de Bonifacio, ancien capitaine au long cours, qui a longtemps navigué dans ces parages, et dont l'opinion a beaucoup d'autorité, m'a affirmé qu'aucune frégate au monde n'eût pu présenter le travers (pour mettre en cape), à pareille tempête.

C'est dans ces fatales circonstances que la frégate *la Sémillante* a dû donner dans les bouches de Bonifacio.

Est-ce de jour ? Est-ce de nuit ? C'est ce que personne n'a encore pu savoir et ce que personne ne saura jamais sans doute.

Poussée par cette tempête d'O.-S.-O., la frégate a dû toucher d'abord sur la pointe S.-O. de l'île de Lavezzi ; c'est là, en effet, que l'on trouve d'abord quelques tronçons de ses mâts et de ses vergues brisés, encore à flot et retenus dans cette position par un enchevêtrement de cordages fixés au fond.

Au milieu de ces tronçons se trouve aussi un morceau de la coque de la frégate qui paraît provenir de la partie comprise entre les porte-haubans de misaine et la flottaison ; il y a là un hublot.

Puis toute la partie sud de l'ile est jonchée de menus débris et de morceaux de la coque qui n'ont presque plus aucune valeur. Quatre mortiers seuls paraissent par un fond d'environ 4 mètres ; on pourra les sauver.

Le 1er mars, on a encore retrouvé une voile d'embarcation sur laquelle on voit écrit : *Sémillante*, yole n° 1.

Jusqu'à ce jour, on n'a retrouvé que trois corps qui ont paru être ceux d'un matelot, d'un soldat et d'un caporal ; ils ont été enterrés sur l'île.

Après avoir reconnu cet état de choses, j'ai laissé sur les lieux M. Farines, enseigne de vaisseau, avec les deux balancelles, le grand canot, une baleinière et un youyou, des apparaux, tous les outils de charpentier et trente-cinq hommes pour opérer le sauvetage et faire toutes les recherches qui peuvent amener la découverte de nouveaux débris ou de nouveaux cadavres.

. . . .

Bonifacio, 6 mars 1855.

Amiral,

En laissant un officier sur l'île de Lavezzi, parmi les instructions que je lui avais données, la plus impérieuse et la plus pressante de toutes était celle de rechercher tout d'abord, avec le plus grand soin, les cadavres des malheureux qui ont péri dans le naufrage de la *Sémillante*, afin de les préserver le plus tôt possible de toute souillure et de faire disparaître immédiatement un aussi douloureux spectacle.

L'exécution de mes ordres a amené la découverte de soixante cadavres, la plupart nus ; ces infortunés avaient eu le temps de se déshabiller pour lutter plus facilement contre la mort. Ils sont presque tous méconnaissables ; parmi eux, cependant, on croit avoir reconnu un prêtre en bas de soie noire dont il était encore porteur.

Le corps de M. le commandant Jugan a été retrouvé et seul reconnu d'une manière positive. Il était en uniforme, et sans cela même, amiral, il était très reconnaissable par suite de la difformité de l'un de ses pieds. Des soins particuliers lui ont été rendus ; il a été mis dans une bière avec deux couvertures, et la croix qui surmonte ses restes porte une inscription.

A mesure que de nouveaux cadavres sont découverts, ils sont roulés avec soin dans une couverture, ce qui les préserve d'un nouvel outrage, en empêchant toute dislocation, puis ils sont placés sur une civière et portés au lieu désigné, où une fosse particulière les reçoit aussitôt. Une croix est placée sur chaque fosse.

L'abondance des cadavres que l'on découvre à chaque instant, et qui sont tous en putréfaction, et les difficultés du transport nous ont forcés d'ouvrir un second cimetière. Ces devoirs étaient rudes à remplir pour mes pauvres matelots; plusieurs en ont été tellement impressionnés, qu'ils n'ont pas pu continuer ce service; d'autres ne le remplissent plus qu'en pleurant à chaudes larmes.

Le sauvetage des débris ne pouvant plus se faire, mes hommes suffisaient à peine à la recherche et au transport des cadavres, et au travail pénible que nécessitent ces fosses profondes, sans avoir tous les outils nécessaires pour ce genre de travail.

Par toutes ces raisons, amiral, j'ai cru devoir prier M. le commandant de place de vouloir bien mettre à ma disposition un détachement de cinquante hommes, ce qui ma été aussitôt accordé avec un empressement que je ne saurais trop vous signaler, amiral.

J'ai pensé, amiral, qu'à ces soins matériels ne devaient pas se borner mes devoirs, et que les ministres de la religion devaient être priés d'appeler les bénédictions célestes sur les dépouilles de tant de malheureuses victimes, et de bénir la terre qui recouvre leurs restes. Je n'ai eu qu'un désir à exprimer à cet égard, et MM. les curés de la haute et de la basse ville n'ont voulu laisser à personne le soin de remplir cette pieuse mission.

Dimanche matin, 4 mars, l'*Averne* est parti de Bonifacio, portant à Lavezzi MM. les curés de la haute et de la basse ville, M. le juge de paix et son greffier, cinquante soldats, deux caporaux, un sergent et un officier. Le détachemement a été débarqué, et deux heures après, il était parfaitement campé, à l'abri de tentes solides faites avec les voiles de l'*Averne*, et par les soins de son équipage.

A midi, la cérémonie religieuse a eu lieu, et l'absoute a été donnée. Tout le monde y a assisté dans le plus profond recueillement.

Je n'ai pas jugé à propos, amiral, de faire rendre encore d'honneurs militaires ; tous les jours on recueille de nouveaux cadavres, et j'ai voulu attendre vos ordres à cet égard.

Lorsque vous jugerez que le moment en sera arrivé, je pense que tout le clergé de Bonifacio sera disposé à se transporter à Lavezzi, ainsi que plusieurs personnes de la ville. J'en ai déjà causé avec MM. les curés qui ont bien voulu s'y transporter une première fois.

Ces soins ne me font pas négliger la partie matérielle du sauvetage, amiral ; mais les vents presque constants qui règnent dans ces parages avec une certaine violence, dans cette saison, rendent toute opération très difficile ; il faut attendre le calme, et je n'en ai pas encore eu. Je me suis mis et je me mets en relations avec M. le chef du service de la marine, et j'agis d'accord avec M. le chargé de l'inscription maritime de Bonifacio pour le récolement et l'inventaire des objets sauvés dont la valeur paraît d'ailleurs devoir être bien minime.

Le personnel nombreux qui se trouve aujourd'hui sur l'île de Lavezzi m'a déterminé à y détacher M. le chirurgien-major de l'*Averne*, dont les services pourront y être très utiles dans le cas de quelques accidents occasionnés par les opérations du sauvetage.

Daignez agréer, etc.

Bonifacio, 13 mars 1855.

Amiral,

Après avoir pris les dispositions dont j'ai eu l'honneur de vous entretenir par mes lettres des

2 et 6 de ce mois, et conformément à vos ordres, je me suis rendu en Sardaigne, à Longo-Sardo et à la Madeleine, pour essayer d'y recueillir quelques renseignements sur l'épouvantable naufrage qui est venu affliger la marine impériale.

Partout, en Sardaigne comme en Corse, je trouve beaucoup de suppositions, mais de faits certains presque nulle part.

Tout le monde est d'accord sur la furie sans exemple de l'ouragan du 15 février qui, dans ces parages, a occasionné partout les plus grands dégâts, enlevé les toitures des maisons, arraché des arbres séculaires, et qui ne permettait aux personnes forcées de sortir de chez elles de le faire qu'en rampant.

Cet ouragan soufflait de l'O.-S.-O.; les bouches de Bonifacio ne présentaient plus qu'un immense brisant où l'on ne pouvait plus rien distinguer; il n'y avait plus ni passes ni rochers : de nuit comme de jour, il était impossible de s'y reconnaître. La mer était tellement déchaînée et l'embrun si épais et si élevé, que la *Sémillante* devait en être couverte à une grande hauteur et inondée, sans que personne à bord pût distinguer le bout du beaupré. Il n'y avait pas de frégate au monde capable de présenter le travers à une aussi terrible tempête, et tout bâtiment, que sa position dans ces parages forçait de laisser courir pour donner dans ces passes si dangereuses par tout temps, était voué d'avance à une perte presque certaine au moment de cette tourmente.

J'ai interrogé beaucoup de monde en Sardaigne, commandants militaires et civils, agents consulaires, capitaines de port, gardiens de phares, etc. Voici le seul renseignement que j'ai pu recueillir :

Le chef du phare de la Testa m'a déclaré que le 15 février, vers 11 heures du matin, une frégate dont il ne comprenait pas bien la manœuvre, ce qui lui a fait supposer qu'elle avait des avaries dans son gouvernail, venait à sec de toile, de la partie du N.-O., se dirigeant sur la plage de Reina-Maggiore, près du cap de la Testa, où il pensait qu'elle allait se briser, lorsqu'il l'a vue hisser sa trinquette et venir sur bâbord en donnant dans les bouches de Bonifacio où l'horizon était tel, qu'il l'eut bientôt perdue de vue.

Vous remarquerez sans doute, amiral, que sous le rapport de l'heure, cette déclaration se rapproche de celle qui m'a été faite par le berger de Lavezzi, et qu'à elles deux, elles auraient une certaine valeur qui tendrait à fixer le moment du sinistre au 15 février, vers midi.

Cependant, ce même gardien, dans une première déclaration faite à d'autres personnes, avait d'abord dit que c'était une frégate à vapeur. Quand j'ai insisté sur cette différence, il m'a répondu, ce qui n'était malheureusement que trop vrai, que l'on ne distinguait que bien mal et à une bien petite distance, et seulement par suite de l'élévation du phare.

La mer était si forte que les glaces du fort de la Testa étaient couvertes d'une forte couche de sel qu'il n'était pas possible de songer à faire disparaître. Il en était de même à Razzoli.

A la Madeleine, je n'ai pu avoir aucun renseignement ; on ne savait rien ; les gardiens du phare de Razzoli n'avaient rien vu. Mais j'y ai recueilli un témoignage bien précieux en cette douloureuse circonstance. C'est celui de M. le capitaine de vaisseau anglais Daniel Roberts, retiré depuis dix ans à la Madeleine, et qui m'a affirmé, à plusieurs reprises, que dans le cours d'une longue carrière bien remplie, dans aucun parage, par aucune latitude, il n'avait jamais rien ressenti, rien éprouvé qui approchât de la furie de l'ouragan qui a sévi dans les bouches de Bonifacio, le 15 février.

Sur la côte de Sardaigne on n'a trouvé d'ailleurs ni débris, ni traces, ni vestiges du naufrage.

. . . .

De la Madeleine je me suis rendu à Lavezzi, et là, le premier moment de douleur passé, j'ai trouvé tout le monde, officiers, soldats et matelots, occupé à faire courageusement son rude devoir. Je ne saurais trop appeler votre bienveillante attention sur tous ces braves gens. La sépulture avait déjà été donnée à cent soixante-dix cadavres; quarante autres encore attendaient qu'on pût les recueillir ; j'avais le cœur navré.

Le spectacle que présente la partie sud de l'île Lavezzi, où se trouvent plusieurs petites criques qui ne sont point indiquées sur la carte de M. de Hell, et dans lesquelles sont dispersés les débris de la *Sémillante*, est quelque chose d'affreusement douloureux, et il faudrait une plume plus exercée que la mienne pour le peindre. C'est là que, suivant les vents régnants, ces malheureux cadavres apparaissent par groupes, tous dans un état affreux ; l'air en est infecté.

Je ne crois pas devoir manquer de vous signaler un fait qui bien certainement, ne vous aura pas échappé, fait bien simple en lui-même, celui de l'accomplissement d'un devoir sacré, mais qui n'en est pas moins honorable pour l'infortuné capitaine Jugan et pour le corps de la marine impériale. Seul, sur deux cent cinquante cadavres ensevelis jusqu'à ce moment, le corps du capitaine Jugan a été trouvé à peu près intact et parfaitement reconnaissable ; cet état de préservation était dû au paletot d'uniforme dans lequel il a été trouvé encore entièrement boutonné. Tous les autres cadavres étaient nus en grande partie. La mort a donc trouvé ce brave et infortuné capitaine, faisant courageusement son devoir et luttant jusqu'au dernier moment pour les autres sans songer à lui-même.

Voici l'inscription que j'ai fait mettre sur sa tombe :

CI-GÎT

G. JUGAN, CAPITAINE DE FRÉGATE,

COMMANDANT LA *Sémillante*,

NAUFRAGÉE LE 15 FÉVRIER 1855.

Lavezzi, 15 mars 1855.

Chaque tombe est surmontée d'une croix, et deux grandes croix, faites avec des débris des bouts-dehors de la frégate, sont placées en tête des deux cimetières, situés, l'un dans l'ouest, et l'autre dans l'est de l'île. L'ouverture de ces deux cimetières a été rendue nécessaire pour éviter un transport long et difficile dans des rochers escapés, et même par mesure sanitaire.

. . . .

Le lieutenant de vaisseau commandant l'*Averne*,

BOURBEAU.

A la première nouvelle de l'effroyable sinistre dont le capitaine Bourbeau a fait connaître les émouvantes péripéties, l'Empereur et l'Impératrice, dans leur intarissable sollicitude pour toutes les infortunes, firent remettre aux ministres de la guerre et de la marine une somme de 10.000 francs pour être distribuée en secours aux mères, veuves, sœurs et orphelins des marins et soldats qui avaient péri dans le naufrage. Le prince Jérôme souscrivit pour 1,000 francs, et chacun des ministres, ainsi que M. le président du Conseil d'Etat, pour 500 francs. Ces nobles et généreux exemples eurent de prompts et nombreux imitateurs.

En présence d'un pareil désastre, Mgr l'archevêque de Paris ne crut pas que la religion pût paraître indifférente, et voulant qu'elle s'associât au deuil public, il adressa à MM. les curés de son diocèse la lettre suivante :

Paris, le 6 mars 1855.

Monsieur le curé,

Vous avez appris l'affreux malheur qui a causé la perte complète d'un des bâtiments de l'Etat, et qui plonge un nombre considérable de familles dans la misère et dans le deuil. Le naufrage de la *Sémillante* a fait pousser à la France un cri de douleur. La religion n'est pas insensible à ces funestes événements qui déchirent le cœur de la patrie. Elle verse aussi des larmes sur de tels malheurs et elle y mêle ses prières. Ces enfants de la France, engloutis par la tempête, sont morts glorieusement ; ils sont morts à leur poste, en faisant leur devoir. Ce n'est pas seulement sur le chemin de la gloire, mais dans la gloire même qu'ils ont péri ; la vaste mer a été leur champ de bataille. Ils sont tombés, non devant les hommes, mais devant les forces surhumaines de l'ouragan et les éléments conjurés.

Toutefois, pour nous chrétiens, il reste quelque chose à faire ; nous avons une double dette à acquitter pour ces nobles victimes. Ces hommes qui sont morts avaient une âme immortelle : payons pour elle la dette de la foi et de la prière. Ces soldats, ces intrépides matelots, laissent, la plupart, des familles désolées dont ils étaient l'espérance et le soutien ; apportons quelque adoucissement, s'il est possible, par les dons de notre charité, à de si grandes souffrances.

C'est à cette double fin, monsieur le curé, que nous ordonnons la célébration d'un service pour l'âme de ces pauvres naufragés. Nous officierons nous-même, à cet effet, dans notre église métropolitaine, le mardi 13 du présent mois, à

11 heures précises. Après la messe, on fera une quête, et la même quête se fera dans toutes les paroisses à une des prédications des jours suivants. Le produit en sera transmis à l'archevêché et mis par nous à la disposition du gouvernement, pour être employé au soulagement des misères les plus pressantes, produites par ce cruel événement.

Vous aurez soin, monsieur le curé, d'annoncer ce service et la quête, en lisant, dimanche prochain, cette lettre au prône de la paroisse.

Recevez, monsieur le curé, la nouvelle assurance de mon bien affectueux dévouement.

✝ Marie-Dominique-Auguste,

Archevêque de Paris.

L'initiative prise par Mgr l'archevêque de Paris eut de l'écho. D'autres prélats convièrent les curés de leurs diocèses à célébrer des services funèbres et à les faire suivre de quêtes, qui, jointes au produit de la souscription, permirent d'apporter quelque allégement à la situation matérielle de ceux auxquels elles étaient destinées. Dans les ports de mer, les services eurent plus particulièrement l'aspect d'un deuil de famille, et, par cette raison, la charité s'y exerça sur une vaste échelle.

Une formalité restait à accomplir. C'était la déclaration officielle et la fixation de la perte de la *Sémillante*. Elle fut accomplie par M. le ministre de la marine qui déclara, le 22 mai 1855, la perte corps et biens de la frégate *la Sémillante*, naufragée sur l'îlot de Lavezzi (Corse), et fixa au 16 février 1855 la clôture définitive du rôle d'équipage de cette frégate.

INCENDIE

DU

STEAMER HAMBOURGEOIS *L'AUSTRIA*

Le trois-mâts *le Maurice*, de Nantes, capitaine Renaud (1), armateurs MM. Leboterf et Greslé, parti de Saint-Nazaire pour Terre-Neuve, le 3 juillet 1858, revenait de cette colonie et se dirigeait vers l'île de la Réunion, lorsque, le 13 septembre suivant, par les 45° 06' latitude nord et 44° 01' de longitude ouest, vers deux heures de l'après-midi, il aperçut devant lui un bâtiment ; c'était le bateau à vapeur *l'Austria*, capitaine Heitmann, appartenant à la Compagnie des paquebots Hambourg-Américains, et monté par cinq cent cinquante personnes. De

---

(1) Renaud (Achard-Philippe-Ernest), né le 3 août 1824, à **La Davière**, commune de Saint-Julien-des-Landes (Vendée), avait été reçu capitaine au long cours le 4 septembre 1854.

2^h 30 à 3 heures, on reconnut qu'il était la proie des flammes. Le *Maurice*, qui en était alors éloigné d'environ 8 milles, manœuvra pour l'accoster, et à 5^h 30, bien qu'il en fut encore à un mille de distance, il commençait à recueillir des naufragés ; tout en continuant sa route, il en sauva douze. Enfin, il mit en panne, et hissa à la corne les couleurs nationales que saluèrent les cris d'espoir des infortunés dont si peu devaient survivre à cette effroyable catastrophe.

Les expressions manquent pour peindre les scènes déchirantes qui se passaient alors. L'*Austria* n'était plus qu'un brasier de l'avant à l'arrière. Le capitaine Renaud, dès qu'il eut mis en panne, fit armer son canot que montèrent son second, M. Nivert, et le matelot Gendron, puis sa yole, montée par le lieutenant Bertaut et les matelots Hamon, de Saint-Malo, et Mauvillain, de Pornic. Au moment où les deux embarcations accostèrent l'*Austria*, une foule de malheureux, qui en encombraient le pont, se jetèrent à l'eau malgré les recommandations des deux officiers, et trouvèrent ainsi dans les flots la mort à laquelle ils voulaient se soustraire. Beaucoup de cadavres flottaient déjà sur l'eau. Près d'eux, des vivants luttaient contre le sort affreux qui les attendait. Ici c'était une mère qui s'était précipitée à l'eau après s'être attaché ses trois enfants autour du corps. Près de là, un père disparaissait sous les yeux de son fils qu'il allait atteindre. Plus loin, une jeune personne de dix-neuf ans était engloutie au moment où son frère et sa sœur allaient la recevoir dans leurs bras et la déposer dans le canot où, plus heureux, ils avaient trouvé un refuge. Partout semblables scènes de douleur, partout des cris d'appel, de rage, de désespoir, mêlés à ceux qu'arrachent les plus atroces souffrances. Pendant ce temps, l'œuvre de destruction de l'*Austria* marchait avec une telle rapidité, que MM. Nivert et Bertaut désespéraient de lui arracher aucune victime. Ils redoublaient d'efforts; mais les embarcations, entravées dans leur marche par les cadavres flottants, ne purent s'approcher du navire qu'à deux longueurs de canot.

L'*Austria* présentait alors le spectacle le plus navrant. Deux cents personnes au moins étaient entassées sur le beaupré; ce beaupré était un tube en tôle, et le navire se trouvant évité l'arrière au vent, la flamme s'engouffrait dans ce tube qui devint rouge. Les premiers dessous moururent calcinés, garantissant la seconde couche humaine, léchée elle-même par la flamme, qui la couvrait en forme de dôme.

« Figure-toi, écrivait, le 17 septembre, le capitaine Renaud à sa sœur Mme Dejoie, figure-toi une grappe de raisin dont chaque grain serait un être vivant, le pied fixé à une position élevée au-dessus de l'eau ; le point d'appui manque, et tout tombe à la fois. Eh bien ! trente ou quarante malheureux sont suspendus à la même corde, fixée sur la lisse du navire ; le feu impitoyable la brûle, et ces quarante individus, ne formant qu'un seul bloc, tombent dans l'Océan pour ne revenir à la surface que cadavres. » Mais, ce qui n'était pas moins horrible, c'était de voir des malheureux renfermés dans leurs cabines, et ayant trouvé tout passage pour fuir intercepté ; ils venaient chercher de l'air aux hublots du faux-pont, demandant un secours impossible et se disputant entre eux une place qui ne devait leur donner qu'une minute de plus d'existence.

Obligées, ponr manœuvrer, de plonger leurs avirons entre les débris charbonnés et les épaves humaines qui jonchaient la mer, les embarcations ne purent faire plus de quatre voyages. A 9 heures du soir, elles avaient ramené soixante-sept personnes. La mer était grosse, et le temps annonçait une nuit horrible. Tout commandait au capitaine Renaud de ne pas exposer son équipage à des dangers sans compensation probable. Résolu toutefois à accomplir son devoir d'humanité jusqu'aux dernières limites du possible, il se tint à petite voile toute la nuit, afin de rejoindre l'*Austria* dont il se rapprocha au petit jour. Il avait été devancé par le navire norwégien la *Catharina*, capitaine Funnemarck, qui avait sauvé vingt-deux personnes. Comme le capitaine du *Maurice*, celui de la *Catharina* avait mieux compris les devoirs de la solidarité humaine que ceux de trois autres navires étrangers qui, la veille, pendant le sauvetage, avaient passé en vue sans songer à porter secours à leurs semblables.

Les soixante-sept personnes recueillies sur le *Maurice* étaient les cinq officiers de l'*Austria,* six femmes, cinquante-deux matelots ou passagers, trois mousses, et un enfant de huit ans qui, se soutenant sur l'eau en se traînant de cadavre en cadavre, était parvenu à atteindre l'un des canots. Elles avaient plus ou moins souffert du feu, surtout les femmes, presque toutes jeunes, et cinq hommes. Les uns et les autres avaient le corps tout boursoufflé par les brûlures ; leurs mains, leurs figures n'étaient qu'une plaie. Vivres et vêtements furent partagés entre ces infortunés et l'équipage du *Maurice* transformé en hôpital où, à défaut de médecin, le capitaine Renaud leur prodigua les soins les plus empressés et les plus intelligents, les pansant de ses propres mains et atténuant leurs souffrances physiques et morales par les attentions les plus délicates.

Le 14 au soir, on rencontra le trois-mâts anglais le *Lotus* qui prit à son bord un colonel de l'armée britannique et onze autres naufragés. Le capitaine Renaud aurait voulu que ce navire eût pu prendre un plus grand nombre de passagers, car il avait encore à son bord soixante-sept personnes, son équipage compris, et il était au milieu de l'Océan, sans connaître le terme de son voyage. Il lui fallait donc, quoique le cœur lui en saignât, distribuer les vivres avec parcimonie à des malheureux à peine vêtus, n'ayant d'autre abri que des voiles installées à faux-frais et ajoutant à leurs souffrances primitives celle de la faim. Heureusement pour tous, le 19 septembre, à 9 heures du matin, le *Maurice* mouilla sur la rade de Horta, dans l'île de Fayal (Açores).

D'après le récit des naufragés de l'*Austria*, voici quelle aurait été la cause de l'incendie. Le médecin du navire, ayant jugé nécessaire de sanifier la partie occupée par les passagers de troisième classe, on avait chargé de ce soin le bosseman (maître d'équipage) qui, à cet effet, avait mis du goudron dans un grand vase et y avait plongé un fer rouge, afin d'en dégager une vapeur qui eût purifié les lieux malsains. Soit que le roulis eût fait chavirer le vase, soit qu'il eût éclaté de lui-même, toujours est-il qu'on n'avait pas tardé à voir le goudron courir sur le pont en serpentant et y former autant de petits ruisseaux enflammés. Dès que les cris : *Au feu!* s'étaient fait entendre, les premiers arrivés sur les lieux avaient jeté sans ordre de l'eau sur le goudron, qui n'avait eu ainsi que plus de facilité à se répandre partout et à propager l'incendie. En vain le capitaine veut-il commander, il n'est pas obéi. La panique devient générale. Tous courent çà et là comme un troupeau égaré, et nul ne songe à prévenir le désastre qui va s'accomplir.

Les témoignages les plus éclatants de la reconnaissance publique furent adressés au capitaine Renaud et à ses intrépides compagnons. La compagnie hambourgeoise-américaine lui fit présent d'un service d'argenterie, composé d'une théière, d'une cafetière, d'un pot au lait, d'un sucrier, d'un plateau, et portant l'inscription suivante : *Offert au capitaine Ernest-Achard-Philippe Renaud, du navire français barque* MAURICE, *par la compagnie des steamers hambourgeois-américains, en récompense de ses nobles efforts pour avoir sauvé, le 13 septembre*

1858, *l'équipage et les passagers du steamer*
AUSTRIA, *incendié à la mer*. MM. Nivert et
Bertaut reçurent chacun un chronomètre en or,
et l'équipage une somme de 600 francs. Le
sénat de Hambourg « sur le rapport qui lui
avait été adressé de ce sauvetage qui fait tant
d'honneur à la marine française, et plein d'admiration pour la conduite aussi héroïquement
courageuse que noble et désintéressée du capitaine Renaud, de ses officiers et de tout son
équipage » conféra au premier la grande médaille en or, instituée pour des circonstances
exceptionnelles et pour des services éminents
— elle n'avait encore été conférée qu'une fois —
des médailles d'argent aux deux officiers, et
une somme de 3,000 marcs de banque, soit
5,610 francs, dont un tiers pour le capitaine et
les deux autres tiers pour les officiers et l'équipage. Des récompenses semblables furent décernées au capitaine Funnemarck, à ses officiers
et à son équipage. La société hambourgeoise,
pour l'encouragement des beaux-arts et des
métiers utiles, vota, de son côté, une adresse
de remerciements au capitaine Renaud, et le
commerce de la ville lui envoya la somme de
2,450 francs, produit d'une souscription à laquelle avaient spontanément contribué les no-
tables armateurs et commerçants de la ville,

ainsi qu'un grand nombre de leurs concitoyens. L'association de bienfaisance de New-York pour la vie sauve ne pouvait manquer de se montrer sympathique à celui qui avait si noblement accompli la mission qu'elle s'est imposée elle-même ; aussi lui fit-elle parvenir une médaille d'or. A ces divers témoignages de gratitude se joignirent ceux du gouvernement français et des principales puissances étrangères. L'empereur, par un décret du 1er décembre 1858, nomma le capitaine Renaud chevalier de la Légion d'honneur ; la reine Victoria lui envoya une médaille d'or, le grand-duc de Hesse le nomma chevalier de l'ordre du mérite de Philippe le Magnanime, et le roi de Prusse lui fit expédier les insignes de l'ordre royal de l'Aigle-Rouge de quatrième classe.

Ceux que le capitaine Renaud avait sauvés ne l'oublièrent pas. Plusieurs d'entre eux lui prouvèrent combien la reconnaissance était gravée dans leurs cœurs. Bien des familles appelèrent sur lui les bénédictions du ciel. De ce nombre fut celle de M. Glaubensklee, de Kœnigsberg, l'un des passagers de l'*Austria* recueillis par le *Maurice*. Ses trois sœurs firent remettre au capitaine Renaud une lettre des plus touchantes, accompagnée d'un buvard en cuir de Russie avec ornements en relief. Sur ce buvard se voyaient une couronne et un bouquet peints par elles-mêmes à l'aquarelle. L'idée qui avait présidé à l'exécution de ce travail était des plus ingénieuses et des plus délicates. La couronne et le bouquet se composaient de plantes, fleurs, arbres, arbustes, etc., dont les noms formaient deux acrostiches reproduisant en allemand les noms *Austria* et *Renaud* de la manière suivante :

Couronne		
A	pfelbluthe,	fleur de pommier.
U	lme,	orme.
S	alvei,	sauge.
T	hymian,	thym.
R	ose,	rose.
I	asmin,	jasmin.
A	zalie,	azalée.

Bouquet		
R	ose,	rose.
E	phuu,	lierre.
N	arcisse,	narcisse.
A	urikel,	oreille d'ours.
U	lme,	orme.
D	almatica,	dalmatica.

(Le capitaine Ernest Renaud et l'incendie du steamer L'AUSTRIA, *par Armand Guéraud, correspondant du Ministère de l'instruction publique, de la Société des antiquaires de France, etc.* Nantes, Armand Guéraud et Cⁱᵉ, 1860, 39 pages in-8°.)

L'horrible catastrophe, dont nous venons de retracer les principaux incidents d'après le récit de feu notre excellent et regretté ami Armand Guéraud, a donné lieu à deux lettres écrites par des passagers de l'*Austria*, lettres insérées dans les *Nouvelles annales maritimes et colo-*

niales (t. II, année 1858) et dans le *Moniteur de la flotte*. Nous les reproduisons ici parce qu'aucune circonstance de ce sinistre ne nous semble devoir être passée sous silence.

Voici comment s'exprimaient les *Nouvelles annales maritimes et coloniales* :

L'Océan vient encore une fois d'être le théâtre d'un de ces drames lugubres qui, depuis quelques années, sont venus jeter l'effroi dans les deux mondes. L'*Austria*, steamer transatlantique-hambourgeois, a ajouté son nom à la liste funèbre dont le *Président* tient la tête, et a fourni son contingent de cinq cents personnes aux deux mille victimes des naufrages antérieurs. Nous enregistrons ce sinistre dont nous empruntons le récit aux journaux de New-York arrivés par le *Persia*. C'est un des naufragés échappé miraculeusement à la mort qui raconte ce qu'il a vu.

Les capitaines du *Rosenhaeth* et de l'*Arabian*, arrivés le 22 et le 25 à Halifax, ont fait rapport que le 15 septembre au matin, par 45° 12' de latitude nord et de 41° 48' de longitude ouest, ils avaient aperçu un grand steamer à coque rouge en feu. L'*Arabian* s'était approché du steamer incendié et n'avait trouvé personne à bord. Ces nouvelles, parvenues dans notre ville par télégraphe, y avaient produit une immense impression. On ne savait si le malheureux steamer était l'*Alps*, le *North-Star* ou l'*Austria*, quoique plusieurs circonstances nous portassent à croire que c'était le dernier nommé, attendu depuis plusieurs jours dans notre port. L'arrivée du *Lotus*, à Halifax, est venue confirmer nos tristes prévisions. D'environ cinq cent cinquante personnes qui se trouvaient à bord de l'*Austria*, soixante-sept seulement ont été sauvées. Mais laissons à l'un des passagers, M. Charles Brews, le pénible soin de raconter les causes du sinistre et les terribles péripéties de cet effroyable drame maritime :

« Je pris passage, le 4, à Southampton, sur le steamer *Austria*, capitaine Heydtmann, parti de Hambourg le 2. Nous nous mîmes en route à 5 heures de l'après-midi, le temps étant un peu nébuleux ; c'est ce qui fit que nous jetâmes l'ancre entre l'île de Wight et la terre ferme. A 4 heures du matin, nous reprîmes notre course. En levant l'ancre, il est survenu un accident qui a occasionné la perte d'un homme de l'équipage, dû sans doute à des défauts d'entente : le câble qui retenait l'ancre s'est détendu autour du cabestan en faisant tournoyer la masse de fer dans toutes les directions. Deux des hommes ont été blessés sérieusement, un troisième a été lancé par-dessus le bord : on présume qu'il a été tué du coup, car on ne le vit plus reparaître à la surface de l'eau.

« Depuis le moment où nous avons pris la mer, nous avons éprouvé de forts vents d'ouest. Le 12, le temps était plus favorable, et le 13, on avait atteint une vitesse de treize nœuds à l'heure, de sorte que tout le monde avait l'espoir d'arriver le 18 à New-York. Un peu après 2 heures de l'après-midi, je me trouvais sur le gaillard d'arrière, lorsque je vis un épais nuage s'échapper à peu de distance du logement des matelots. Quelques femmes coururent à l'arrière en s'écriant : « *Le navire est en feu ! Qu'allons-nous devenir ?* » Le navire fut aussitôt réduit à la moitié de sa vitesse, et continua ainsi jusqu'à ce que le magasin à poudre fît explosion : je présume que les mécaniciens ont alors été suffoqués. Je passai de l'endroit où j'étais au milieu du navire, et je vis alors les flammes s'échappant par les ouvertures de côté. Le navire avait dans ce moment vent debout, ce qui fit que le feu fit des progrès effrayants.

« J'allai trouver alors l'homme au timon et lui dis de présenter les flancs du navire au vent. Il hésita, probablement qu'il ne comprit pas, car il était natif de Hambourg. — Je m'adressai alors à un Allemand pour qu'il lui parlât. Je vis dans ce moment plusieurs personnes qui met-

taient à l'eau un canot par l'ouverture du gaillard d'arrière. Je ne sais ce qu'il advint de ce
canot, mais je pense qu'il a été brisé sous l'hélice. Je voulus après cela descendre un des
canots par le tribord du gaillard d'arrière ;
mais à peine avions-nous saisi les cordages
qu'il y eut tant de personnes qui s'y précipitèrent, qu'il nous fut impossible de l'enlever
des poulies. Nous nous arrêtâmes quelques instants jusqu'à ce que tout le monde fût ressorti
du canot, et nous parvinmes alors à le soulever
par-dessus le bord : les mêmes personnes s'y
précipitèrent de nouveau et le firent s'abîmer
avec force dans la mer ; il s'enfonça aussitôt,
engloutissant tous ceux qu'il contenait, à l'exception de trois individus qui s'accrochèrent aux
côtés de l'embarcation. Nous lançâmes une
corde et attirâmes à nous un individu qui se
trouva être le maître d'hôtel. Un autre, que l'on
était sur le point de retirer également, fut
étranglé par la corde.

« Le feu avait acquis trop d'intensité pour
que l'on cherchât à sauver d'autres personnes
du canot submergé. Tous les passagers de première classe se trouvaient sur la dunette, à
l'exception de quelques hommes qui ont dû
être suffoqués dans le salon à fumer ; plusieurs
des passagers de seconde classe se trouvaient

également sur la dunette; un grand nombre auront sans doute été mis par les flammes dans l'impossibilité de sortir de leurs cabines. Quelques-uns d'entre eux furent hissés à travers le ventilateur; mais la plupart malheureusement ne purent être retirés. La dernière femme que l'on retira fit connaître que six personnes s'étaient déjà trouvées étouffées. Nous nous aperçûmes alors que le navire avait repris sa première position, de manière que les flammes arrivaient déjà jusque sur le gaillard d'arrière.

« La foule m'empêchait de parvenir jusqu'à la roue pour pouvoir me rendre compte de la raison de ce changement de direction; mais j'appris que le timonier avait quitté son poste, et que le navire, abandonné à lui-même, s'était mis avec le vent debout. Dans ce moment, la scène qui se passait sur le gaillard était impossible à décrire et véritablement navrante. Les passagers couraient de côté et d'autre, fous de terreur; des maris cherchaient leurs femmes, des femmes leurs maris, des mères déploraient la perte de leurs enfants, d'autres demandaient à grands cris qu'on les sauvât; très peu avaient conservé leur sang-froid et leur présence d'esprit. Les flammes s'avançaient cependant si près des passagers, que plusieurs s'élancèrent dans la mer; des parents, se tenant embrassés, sautaient par-dessus le bord et trouvaient la mort ensemble ; deux demoiselles que l'on suppose avoir été sœurs, se jetèrent à la mer et disparurent en s'embrassant.

» Un missionnaire se précipita à la mer avec sa femme ; ils furent suivis par la femme de chambre et le maître d'hôtel. Un Hongrois, père de sept enfants, dont quatre filles, fit sauter sa femme d'abord, et après avoir donné sa bénédiction aux six aînés, il les fit sauter l'un après l'autre ; il suivit lui-même sa famille en tenant son dernier enfant dans ses bras. Pendant toute cette scène, je me tenais au bastingage, au dehors du navire et me penchais le plus que je pouvais pour échapper aux flammes qui s'avançaient vers moi. J'aperçus au-dessous de moi un bateau submergé, se balançant encore à une corde retenue au navire ; les avirons s'y trouvaient attachés, et je pensai que si je pouvais m'en saisir, je serais en état de me sauver et d'aider d'autres personnes à en faire autant.

» Je me trouvais à environ un quart de mille du steamer. Je pouvais voir les hommes et les femmes se jetant à l'eau de la dunette ; plusieurs dames avaient déjà leurs vêtements embrasés. Beaucoup de ces malheureux hésitaient à faire ce saut de plus de vingt pieds ; mais ils y étaient bientôt forcés par les flammes qui s'approchaient. Au bout d'une heure et demie, personne ne se voyait plus sur la dunette. Je ramai alors du côté du bâtiment, et je recueillis un Allemand qui se soutenait sur l'eau en nageant.

» A 7ʰ 30, après cinq heures d'angoisses pendant lesquelles nous n'avions pas aperçu une seule voile, la barque française *Maurice* nous recueillit. Elle avait déjà quarante personnes. Vers 8 heures, vingt-trois personnes qui se trouvaient dans un bateau métallique furent également recueillies.

» Je ne vis aucun officier pendant le sinistre : il n'y en avait aucun sur la dunette. Quand le capitaine entendit crier au feu, il s'élança sur le pont, sans casquette, en criant : « *Nous sommes perdus !* » Il essaya de mettre une nacelle à l'eau, mais l'embarcation fut submergée, et le capitaine tomba à la mer.

» Le quatrième lieutenant coupa la corde de la nacelle qui fut bientôt mise en pièces par l'hélice, et plusieurs qui s'y trouvaient furent noyés ; trois ou quatre hommes se sauvèrent sur un fragment et furent recueillis par le *Maurice*, ainsi qu'il est dit plus haut. Vers ce moment, on descendit une embarcation insubmersible en fer, mais elle se remplit d'eau, et trente-trois personnes qui s'y trouvaient furent ainsi noyées. On vida ensuite l'eau au moyen d'appareils de sauvetage coupés en deux, et l'on rama vers le *Maurice;* avant d'atteindre cette barque, on recueillit encore deux ou trois passagers en chemin. En tout, le *Maurice* prit à son bord, durant cette nuit, vingt-sept personnes.

» Vers le matin, une barque norwégienne arriva près du steamer, et nous observâmes qu'elle envoya une embarcation autour du navire en feu.

» Le *Maurice* n'a point eu de communication avec cette barque norwégienne.

» Vers 7 heures, le *Maurice* mit à la voile vers Fayal pour débarquer les naufragés. Vers 2 heures de l'après-midi, nous fîmes la rencontre de la barque *Lotus,* allant à Halifax. Etant très désireux d'arriver sur le sol anglais, le capitaine Trefy m'offrit un passage à son bord; il désirait également se charger de tous les citoyens américains ; mais on s'empressait tellement dans les embarcations, qu'on ne put prendre que onze personnes dont plusieurs étrangers.

» Le feu a éclaté par suite d'une coupable imprudence. Le capitaine et le médecin ayant jugé nécessaire de fumiger l'entre-pont avec de la vapeur de goudron, le maître d'équipage fut chargé de cette besogne, sous la surveillance du quatrième lieutenant. Le maître d'équipage voulut se servir d'une chaîne rougie au feu pour faire évaporer le goudron ; mais pendant qu'il en tenait l'extrémité dans sa main, l'autre bout s'échauffa tellement, qu'il laissa tomber le fer rouge sur le pont. Immédiatement le bois s'enflamma ; le goudron renversé prit feu. Un faible effort fut tenté pour éteindre l'incendie, mais inutilement. On n'avait pas sous la main ce qu'il aurait fallu pour cela. Les passagers sauvés n'ont pu emporter que les vêtements qu'ils avaient sur le dos, et encore sont-ils en partie brûlés. Ils devaient y avoir six cents personnes à bord, y compris un grand nombre de femmes et d'enfants. »

Le *Moniteur de la flotte* donne, de son côté, les détails suivants :

« Les naufragés de l'*Austria*, sauvés par la barque *Catharina*, ont donné sur cet affreux sinistre quelques détails complémentaires. La pompe à feu, paraît-il, n'a pas été mise en mouvement. On essaya bien de l'employer, mais les flammes firent reculer les travailleurs. Les canots de sauvetage étant suspendus vers le milieu du bâtiment, il fut impossible de les mettre tous à l'eau ; l'un d'eux, descendu rempli de monde, chavira bientôt sous les efforts des malheureux qui s'étaient déjà jetés à la mer et qui tentaient de s'accrocher à ses bords.

« Un autre canot demanda si longtemps pour être mis à l'eau, que les gens qui s'y trouvaient se jetèrent à la mer pour échapper aux flammes qui commençaient à le gagner. Près du gaillard d'avant, on affermit des cordes aux chaînes placées le long des abords extérieurs du bâtiment, et beaucoup s'y accrochèrent; mais, à mesure que les flammes s'avançaient, ces malheureux lâchaient prise et trouvaient la mort dans l'Océan. Sur le beaupré, les passagers étaient entassés par trois ou quatre l'un sur l'autre. C'était un dernier refuge, et encore ne fut-il que momentané. Peu à peu le feu les repoussa de cet asile, et enfin il ne resta plus qu'un seul homme sur la pointe extrême.

« Dix-huit personnes s'étaient accrochées aux chaînes qui soutenaient le beaupré, et restèrent ainsi suspendues jusqu'au lendemain matin, à 4 heures. Un matelot grimpa alors de l'étai jusqu'au beaupré, et trouvant qu'il était possible d'éteindre l'incendie, au moins sur cette partie du navire, il donna l'ordre aux individus qui se trouvaient cramponnés aux chaînes de tremper leurs vêtements dans l'eau et, ensuite, de les lui passer. On obéit, et le feu put être assez calmé pour que le beaupré redevînt un lieu de refuge comparativement sûr. Ce sont les passagers qui s'étaient réunis là que la barque *la Catharina* est si heureusement parvenue à sauver. »

M. Andrew Lundsteain, passager suédois, fait le récit suivant :

« Le 13 septembre, vers 2 heures de l'après-midi, au moment où le feu se déclara à bord de *l'Austria*, je me trouvais vers le milieu du bâtiment, et vis les flammes sortir de l'écoutille d'arrière jusqu'à une hauteur de trois ou quatre pieds. En courant vers l'avant, j'aperçus le feu qui se frayait également un chemin à travers les panneaux de ce côté. Je vis à ce moment le capitaine s'élancer sur le pont, jeter bas son habit et courir vers le bastingage comme s'il allait s'élancer à l'eau. M. Sweensen, un suédois, le saisit par le bras, l'attira en arrière et lui demanda ce qu'il fallait faire. La réponse du capitaine fut qu'il n'en savait rien lui-même. Il courut alors vers l'arrière, et je le perdis de vue au milieu de la foule des passagers. Je voyais cependant que le feu augmentait rapidement et nous menaçait d'une manière terrible. Les passagers étaient tellement serrés, qu'ils se précipitaient l'un l'autre par-dessus le bord. Je fis en sorte d'arriver jusqu'aux cordages, et, m'emparant d'une corde, je l'attachai solidement, puis y fis un nœud coulant, de manière à former une sorte de siége à environ deux pieds au-dessus de l'eau. Dans cette position, environ trois heures après le commencement de l'incendie, je vis le mât de misaine et le grand mât tomber à l'eau par tribord, et fus en grand danger d'être frappé par la vergue qui restait suspendue aux flancs du navire et tomba seulement à la mer lorsque tous les agrès furent brûlés.

« Regardant autour de moi pour voir si je trouvais quelque objet flottant auquel je pusse m'accrocher, j'aperçus la pointe du grand mât s'élevant à environ deux pieds au-dessus de l'eau. Il est probable que les agrès s'étaient engagés dans l'hélice. Je me laissai affaler et me mis à nager vers ce point ; je parvins à l'atteindre et à m'y cramponner, ce qui me permit de me maintenir à flot. A ce moment, je vis trois personnes suspendues aux flancs du navire par des cordes, et je jetai un bout de corde à l'une d'elles qui se trouva être le cuisinier. Je l'attirai à mon côté où il resta toute la nuit. Nous vîmes nombre de cadavres flottant autour de nous.

« Jusqu'à la brune, l'hélice tourna lentement, toutes les fois que le navire se soulevait par l'arrière.

« Pour m'empêcher d'être brûlé, je fus obligé d'ôter mon habit, de le plonger dans l'eau et de me l'appliquer sur le côté. Je fus toutefois brûlé à l'épaule, ne pouvant protéger cette partie de mon corps. Je souffre encore de nombreuses brûlures.

« Au moment où éclata l'incendie, j'aperçus au loin des navires. L'un d'eux, une barque française, arriva jusqu'à un mille du steamer, vers 5 heures du soir, et y envoya deux embarcations ; mais ni l'une ni l'autre ne vint à portée de la voix. Je les vis recueillir des gens flottant çà et là. Elles se tinrent sous le vent de l'*Austria*, et je ne les apercevais que de temps à autre, quand le steamer tournait sur lui-même. Les embarcations battirent ainsi la mer jusqu'à la nuit et retournèrent alors vers la barque. J'aperçus une lumière hissée dans ses haubans jusque vers 10 heures du soir, et on pense avoir eu ce même navire en vue jusqu'à 2 heures du matin.

« Le 14, j'aperçus tout près de l'épave un bâtiment qui se trouva être la *Catharina*. Ce navire ayant couru une bordée au vent du steamer, le jour commençait à poindre lorsqu'il envoya son grand canot pour nous recueillir. On trouva alors dix-huit personnes dans le beaupré, trois (moi compris) dans l'étai, le long

13.

du steamer, et une autre, vers l'arrière, accro-
chée au bastingage.

« Une jeune fille et son frère avaient passé
la nuit dans le beaupré, accrochés aux agrès.
La *Catharina* mit une demi-heure à nous recueillir ; je fus l'avant-dernier que l'on prit à
bord, et je ne crois pas que j'aurais pu tenir
longtemps, car je commençais à m'épuiser, et
la mer grossissait. Du reste, la lame n'avait pas
cessé de déferler sur moi pendant toute la
nuit. »

Ce récit montre trop clairement que les naufragés recueillis par la *Catharina* sont les derniers dont on puisse jamais entendre parler.

ÉCHOUAGE DU VAISSEAU *LE DUGUESCLIN*

DANS LA BAIE DE ROSCANVEL

Le 14 décembre 1859, à 9ʰ 30 du matin, un événement désastreux s'accomplissait sur le rocher la Couette (Grenoc'h), situé près de la pointe nord de l'Ile-Longue; le vaisseau de 82* *le Duguesclin*, armé pour essayer la machine de six cents chevaux de M. Mazeline, dont il venait d'être pourvu, s'échouait sur cet écueil, mal connu du pilote de la rade qui était à bord.

Ce jour-là, le temps étant assez beau, le vent au N.-E., brise fraîche et la mer belle, la commission chargée de procéder aux essais de la machine, sous la présidence de M. le capitaine de vaisseau Longueville, commandant supérieur des bateaux à vapeur, s'était rendue à bord vers 8ʰ 30 du matin, et à 8ʰ 58, le *Duguesclin* se mettait en route, sous vapeur, pour la base des essais indiquée par des bouées placées, celle de l'ouest, à petite distance de l'Ile-Longue, l'autre près de Penarvin. Ses voiles étaient, comme d'usage, serrées et enfermées dans des étuis pour qu'elles fussent préservées de la flamme. Son personnel était de cent quatre-vingt-quatre hommes dont beaucoup embarqués de la veille seulement.

Si nous indiquons le moment précis de quelques circonstances du sinistre, c'est qu'il s'est accompli dans un espace de temps assez restreint, et que vers 5 heures du soir, instant où l'eau, envahissant le navire, força à abandonner les deux seules pompes qu'il possédât, sa perte était devenue inévitable.

Vers 9^h 20, tout paraissait bien marcher dans la machine qui donnait une vitesse de neuf nœuds cinq dixièmes, lorsqu'un passant près de la pointe des Espagnols, M. le capitaine de frégate Choux, commandant du vaisseau, fit observer au pilote que sa route lui paraissait bien rapprochée de terre, et qu'il était dangereux pour un grand navire de s'enfoncer dans la baie de Roscanvel. Le pilote lui répondit : « Soyez sans inquiétude, je suis sûr de ma route ; il y a grande eau. » Toutefois, il fit venir un peu plus vers l'est.

Quelques moments après, le vaisseau se rapprochant de la bouée ouest de la base, qui lui restait à quelques encâblures seulement par le bossoir de bâbord, le commandant demanda par le porte-voix, de la passerelle à la machine, si l'on était prêt pour les essais. Sur la réponse : « Non, l'on n'est point près, » faite par M. l'ingénieur Jay qui suivait les mouvements de la machine, il ordonna au pilote de faire route directe sur la base et de ne point en dévier jusqu'à l'instant où l'on serait en mesure de commencer les épreuves de la machine. Le pilote obéit et fit mettre de la barre à tribord. Presque aussitôt, préoccupé par la pensée d'avaries possibles dans une machine non encore éprouvée, et des lenteurs qu'occasionnerait le déploiement des voiles du vaisseau, enfermées dans des étuis, s'il devenait urgent de les faire appareiller par un équipage faible et tout nouveau à bord, le capitaine Choux descendit vivement dans la machine, afin d'être fixé sur l'état des choses. Dès qu'il eut appris que tout fonctionnait bien dans la machine, et qu'un quart d'heure au plus suffirait pour y régler l'alimentation, les injections et les extractions, il remonta rapidement et pleinement rassuré sur le pont.

Le commandant Choux avait encore un pied dans l'échelle de commandement, lorsqu'il vit que le pilote n'avait point continué à exécuter

son ordre de naviguer sur la base des essais.
Le vaisseau avait repris la direction de l'Ile-Longue, malgré les observations adressées par
M. le capitaine de frégate Robin, membre de la
commission, au pilote Picard, qu'il lui paraissait
que l'on courait trop à terre. « Oh ! il y a grande
eau, » avait répondu le pilote.

Cependant le commandant Choux, ayant encore un pied sur l'échelle, était à toucher la
roue du gouvernail. Il fit mettre aussitôt la
barre pour courir au large ; puis, sautant sur la
passerelle, il demanda au pilote s'il voulait
couper la terre en deux. Ce dernier lui répondit tranquillement : « Oh ! quand nous serions
à toucher cette pointe (celle de l'Ile-Longue), il
y a trente-deux pieds d'eau. »

Le vaisseau venait toujours en grand sur
bâbord, et le commandant jugeant sa vitesse
de près de dix nœuds suffisante, s'il devait
parer la Couette, trop forte pour le cas contraire, fit stopper ; puis il fit mettre, mais inutilement, la machine en arrière. Presque au
même instant, il sentit un glissement sur le
fond : le vaisseau s'échouait, sans secousse vive,
sur l'accore nord de la Couette, à sept mètres
environ de sa limite extérieure, et inclinait sur
tribord d'au moins 5°. Il était 9 heures 31, et
la marée descendait. A ce moment, le com-

mandant, se tournant vers le pilote, le regarda fixement en lui disant : « Eh bien, pilote ! » Celui-ci lui répondit aussitôt en se saisissant par les cheveux : « Oh ! commandant, vous pouvez me faire fusiller ; c'est ma faute. »

A 9 heures 35, le signal : « *Le navire est échoué sur un fond dur* » signal flottant à la mâture du *Duguesclin*, et appuyé d'un coup de canon, annonçait à Brest et aux vaisseaux mouillés sur la rade (1) le malheur qui venait d'arriver. En même temps, les mâts de perroquet étaient dépassés, les embarcations mises à la mer, et l'on passait les drisses des basses vergues, ainsi que les guinderesses des mâts de hune. L'intention du commandant était de béquiller avec les basses vergues sur tribord, afin d'empêcher une trop forte inclinaison de ce côté.

A 10 heures, des canots munis d'ancres à jet partaient du bord pour les mouiller N.-E. et N.-O., direction la plus commode pour renflouer, à la marée montante, le vaisseau autour duquel les sondes étaient réparties de la manière suivante :

(1) L'*Algésiras*, sur lequel le contre-amiral Pâris avait son pavillon, l'*Impérial* et l'*Austria*.

A l'arrière	7ᵐ	75ᶜ
A Tribord. — Au porte-hauban d'artimon ..	7	25
— Au grand porte-hauban	5	75
— Au porte-hauban de misaine .	7	»
Sous le bossoir........................	7	25
Sous la poulaine.......................	9	50
A Babord. — Au porte-hauban d'artimon ..	8	»
— Au grand porte-hauban	8	»
— Au porte-hauban de misaine..	10	»
Sous le bossoir........................	8	»
Sous la poulaine	5	»

Tout à coup, à 10 heures 15, au moment où l'on amenait les basses vergues pour les disposer en béquilles, le vaisseau se redresse, puis il se penche lentement sur bâbord pour s'arrêter à 8 degrés au moins d'inclinaison du côté de la déclivité de la roche.

Cette situation était menaçante. Aussi le commandant ordonna-t-il de jeter à la mer les canons des gaillards et de la batterie haute de bâbord, ainsi que les ancres. Les sabords des batteries furent fermés, consolidés, calfatés, et les hublots fortement resserrés. La sonde aux pompes n'accusait point d'eau dans le navire, mais l'inclinaison augmentait avec la marée qui descendait.

Le commandant Choux, dès qu'il avait vu que la machine ne pouvait être utilisée pour le moment, avait fait faire le vide dans les chaudières de bâbord et pousser les feux au fond des fourneaux ; puis, jugeant que l'inclinaison pouvait rendre dangereux le séjour dans la machine, il avait fait éteindre tous les feux et ordonné une forte extraction dans les chaudières de tribord. Il fit alors monter le personnel de la machine, après avoir reçu l'avis que les prises d'eau étaient fermées et l'arbre de l'hélice désembrayé. Les chaudières de bâbord paraissaient soulevées d'une manière sensible, et le parquet de la chambre de chauffe était tombé d'environ quinze centimètres sur sa largeur de quatre mètres. Il pouvait être 11 heures du matin. L'ordre d'évacuer la machine et les cales fut alors donné d'une manière absolue.

A 11 heures 10, l'inclinaison était de 25° et augmentait encore, mais faiblement. Toutefois, comme la déclivité du fond pouvait faire craindre de voir chavirer le vaisseau qui avait encore à supporter plus d'une heure de jusant, le commandant donna l'ordre de transporter sur l'Ile-Longue, avec leur dîner, tout ce que les canots pourraient contenir de monde, en commençant par les malades, les novices et les surnuméraires. Les canots partirent vers 11ʰ 30, munis de faux-bras pour assurer leur rentrée à bord, la brise N.-E. ayant encore fraîchi. Le débarquement se fit sans accident, et au retour des canots, vers midi, on fit descendre le reste de l'équipage, avec du biscuit, pour dîner le long du bord.

En ce moment, des embarcations des vaisseaux mouillés sur la rade arrivèrent avec un renfort de personnel et deux pompes à incendie, en même temps que le *Souffleur*, le *Marabout* et le *Liamone*. Le commandant renvoya immédiatement à Brest le dernier de ces vapeurs avec une lettre où il informait le préfet maritime que le vaisseau ne faisant point d'eau, il espérait le remettre à l'eau vers 4 heures de l'après-midi, à la condition *qu'il fût pourvu d'un nombre suffisant de pompes puissantes.*

A midi 49, la mer était basse, et le navire n'avait point fait d'eau, car environ soixante centimètres que l'on avait observés sur le flanc bâbord et qui n'avaient point augmenté, devaient provenir des arrosements de la machine ou des caisses à eau que l'on avait vidées. La hauteur moyenne de l'eau autour du navire, à marée basse, a été de trois mètres.

A une heure 10, le maître calfat prévint que l'eau commençait à paraître sur le parquet de la machine, et l'on mit à sa disposition des gabiers et des canonniers pour l'épuiser. Jusqu'à 2 heures 50, les deux pompes de cale, celle à incendie du *Duguesclin* et les deux pompes à incendie envoyées par les navires, purent étaler ; mais, à mesure que la mer montait, les coutures fatiguées du vaisseau présentaient à l'eau des ouvertures plus nombreuses, et malgré le personnel employé à des chaînes d'épuisement auxquelles vinrent se joindre quatre nouvelles pompes à incendie envoyées par les vaisseaux de la rade, le niveau de l'eau montait dans le *Duguesclin*.

A 2 heures 55, le commandant jugea prudent de mettre à l'abri les sacs de l'équipage. Il les fit monter du faux-pont et envoyer à bord du *Souffleur*.

A 3 heures 50, le vapeur le *Porteur* amenait du port des ancres et des grelins, mais aucune pompe.

A 4 heures 15, le commandant Choux fit établir quelques voiles orientées pour essayer de redresser le vaisseau, mais ce moyen fut impuissant, et à 4 heures 30, il dut perdre l'espoir de voir le *Duguesclin* se relever, lorsque l'eau envahissant le faux-pont, il lui fallut faire abandonner la pompe de câle de bâbord dont les hommes avaient de l'eau jusqu'à la ceinture. A 5 heures, au moment où l'eau allait faire irruption dans le faux-pont par les panneaux de la batterie basse, il donna aussi l'ordre de quitter la pompe de tribord.

A 6 heures, la mer se nivelait à l'intérieur et

à l'extérieur ; l'inclinaison du vaisseau était de 28 degrés.

La mer était haute à 6 heures 54. Elle se retira du navire avec le jusant, et les murailles du vaisseau commençaient à se courber légèrement.

A minuit, l'*Elorn* arriva avec des ouvriers et des matériaux envoyés du port d'où l'on avait déjà expédié, à 3 heures 50 de l'après-midi, des chaloupes et des grelins par le *Porteur*, et à 5 heures, des câbles-chaînes, des grelins et des cabestans par le *Marabout* ; les pompes demandées avaient seules fait défaut.

Nous n'avons pas cru devoir entrer dans tous les détails circonstanciés des travaux qui incombèrent aux officiers et à l'équipage du *Duguesclin*, pour l'alléger et assurer sa remise à flot tant qu'on put la croire possible. Tous travaillèrent avec ardeur, dévouement et intelligence. Ce ne fut qu'après minuit que des détonations se faisant entendre dans les tôles et l'inclinaison sur bâbord étant arrivée à 31 degrés, le commandant, après avoir essayé de faire jeter à la mer quelques canons de la batterie basse, opération que la bande du navire rendit impossible, donna, vers une heure 15 minutes, l'ordre d'envoyer tout son monde prendre à bord du *Souffleur* un repos bien nécessaire. Pour lui, resté seul à bord, il put constater, au moyen d'une embarcation qu'il avait conservée, que, à une heure 15 minutes, moment de la marée basse, à la suite des craquements incessants qui se faisaient entendre dans le vaisseau, un bordage s'était largué, à tribord de l'arrière de l'échelle, à la hauteur de la dix-septième virure du doublage en cuivre jusqu'aux porte-haubans de misaine ; que le corps de chaudière de bâbord avait remonté jusqu'à rejoindre celui de tribord, et que la muraille de bâbord avant s'était considérablement affaissée à partir de la coupée.

Le lendemain, 15 décembre, il n'y avait plus en quelque sorte qu'un sauvetage de matériel à faire, et le contre-amiral Pâris vint en prendre la direction supérieure en faisant mouiller son vaisseau *l'Algésiras* non loin du *Duguesclin*.

L'équipage du vaisseau naufragé resta chargé, avec des sections de gabiers du port, de continuer le sauvetage du matériel accessible, sous la direction du commandant Choux et de son état-major. Cette opération continuée avec énergie, malgré une série de coups de vent, de la neige et un froid exceptionnels qui, parfois, obligeaient à l'interrompre, était à peu près terminée quand, le 6 janvier, M. Choux reçut l'ordre de revenir à Brest avec tout son personnel, en ne laissant, pour aider aux travaux

dont le port restait seul chargé désormais, que
M. le lieutenant de vaisseau Letourneur et cent
hommes.

Plus tard, M. le lieutenant de vaisseau Mallet
et M. l'ingénieur de Roussel, chargés de continuer à alléger le *Duguesclin*, parvinrent, après
en avoir supprimé les hauts à partir des préceintes, à venir l'échouer, au moyen de pontons,
sur la plage de Laninon, où il fut dépecé jusqu'au moindre morceau.

LE PILOTE BOUSSARD

ou

LE SAUVEUR DE L'HUMANITÉ

Si ce titre un peu fastueux de *Sauveur de l'humanité* fut jamais mérité, ce fut certainement par le pilote Jean Boussard, né, en 1733, au bourg d'Eaux, près d'Eu, en Normandie, mort à Dieppe, en 1795. Il avait déjà accompli un grand nombre d'actes de dévouement qui lui assuraient sa place parmi les sauveteurs dignes de la reconnaissance publique, lorsque le trait d'héroïsme suivant appela sur lui l'attention de la France qui, d'une voix unanime, lui décerna le titre resté inséparable de son nom.

Le 31 août 1777, vers les 9 heures du soir, un navire chargé de sel, venant de La Rochelle et monté par dix hommes dont deux passagers, approchait des jetées de Dieppe. Le vent soufflait avec violence, et la mer était si agitée, qu'un pilote côtier avait inutilement tenté, à quatre reprises, de sortir pour diriger l'entrée du navire dans le port. Boussard, s'apercevant que le capitaine du navire faisait une fausse manœuvre, essaya de le guider à l'aide de signaux et du porte-voix; mais l'obscurité, le sifflement du vent, le fracas des vagues et l'agitation de la mer empêchaient le capitaine de voir et d'entendre. Bientôt le navire, ne pouvant plus être gouverné, s'échouait à trente toises de la jetée.

Aux cris des malheureux qui vont périr, Boussard, ne tenant compte ni des représentations qu'on lui fait, ni de l'impossibilité probable du succès, se décide à aller à leur secours. Il fait d'abord éloigner sa femme et ses enfants qui veulent le retenir, et se ceint ensuite le corps d'une corde dont une des extrémités est attachée à la jetée, puis il se précipite dans les flots. Les marins seuls, ou ceux qui ont observé d'un point élevé les vagues en fureur, surtout quand elles rencontrent de la résistance, peuvent se faire une idée du danger auquel il s'exposait. Après des efforts incroyables, il atteignit cependant le navire, ou plutôt sa carcasse, car il était déjà en partie démoli, lorsqu'une vague l'en détacha et le rejeta sur le rivage. Il fut ainsi vingt fois repoussé et roulé sur les galets.

Son ardeur n'en est point ralentie ; il plonge et replonge ; une vague violente l'entraîne sous le navire. On le croyait mort. Il reparaît tenant dans ses bras un matelot qui avait été précipité à la mer, et qu'il dépose à terre sans mouvement et presque sans vie. Enfin, après plusieurs tentatives inutiles, entouré de débris qui augmentent ses dangers, et couvert de blessures, il parvient de nouveau au navire, s'y accroche et y attache sa corde. Il ranime l'équipage abattu et en proie au désespoir. Il fait parvenir à chacun des matelots la corde salutaire qui assure leur chemin à travers les ténèbres et les flots déchaînés. Il les porte même quand les forces leur manquent ; puis, nageant autour d'eux, comme un ange tutélaire, et luttant contre les vagues qui redemandent leur proie en rugissant, il en ramène sept à terre.

Epuisé par son triomphe, Boussard gagne à grand'peine la cabane où est déposé le pavillon des signaux. Là, il succombe et reste quelque temps dans un état de défaillance alarmant. On venait de lui porter les premiers secours, il avait rejeté l'eau de mer et commençait à recouvrer l'usage de ses sens, lorsque de nouveaux cris de détresse frappent ses oreilles. La voix de l'humanité, plus efficace que tous les cordiaux qu'on lui administre, lui rend toute sa vigueur ;

il se précipite de nouveau dans la mer, et est encore assez heureux pour sauver un des deux passagers qui était resté sur le bâtiment, et que sa faiblesse avait empêché de suivre les autres naufragés. Boussard le saisit, le ramène et rentre dans sa maison, suivi des huit individus qu'il a arrachés à la mort et qui le proclament à l'envi leur sauveur. Des dix hommes qui montaient le navire, deux seulement avaient péri. Leurs cadavres furent trouvés le lendemain sur les galets.

L'intrépidité que Boussard avait déployée dans ces périlleuses circonstances doit d'autant plus exciter l'intérêt, l'admiration même, qu'elle était réfléchie. Il n'obéissait ni à un instinct de courage, ni à une simple impulsion d'humanité, fortifiée par l'habitude de braver impunément les dangers de la mer. C'était chez lui l'accomplissement d'une résolution formée depuis de longues années déjà et exécutée presque quotidiennement ; c'était, en quelque sorte, un hommage aux mânes de son père qui s'était noyé sans qu'il eût pu le secourir. Pour expier ce que les scrupules exagérés de sa piété filiale lui faisaient considérer comme une faute, il avait fait vœu de sauver tous les naufragés qu'il aurait pu secourir, et il avait été constamment fidèle à cet engagement.

Le gouvernement acquitta la dette du pays
envers lui. M. Necker, informé par M. de
Crosne, intendant de Rouen, de ce qu'il avait
fait, le 31 août 1777, lui adressa, le 27 décembre de la même année, la lettre suivante :

« Brave homme,

« Je n'ai su qu'avant-hier l'action courageuse
que vous avez faite, le 31 août, et hier j'en ai
rendu compte au roi qui m'a ordonné de vous
en témoigner sa satisfaction, et de vous annoncer de sa part une gratification de mille francs
et une pension annuelle de trois cents livres.
J'écris en conséquence à M. l'Intendant. Conti-
nuez à secourir les autres, quand vous le pour-
rez, et faites des vœux pour votre bon roi qui
aime les braves gens et les récompense.

« NECKER. »

Le contenu de cette lettre fut bientôt connu
à Dieppe. Tous les compatriotes de Boussard
vinrent le féliciter et le pressèrent vivement
d'aller à Paris et de se présenter au roi pour
lui exprimer sa reconnaissance. Quant à lui, il
ne concevait pas qu'on pût récompenser par de
telles faveurs une action qui lui semblait toute
simple. Aussi fallut-il presque le contraindre

d'aller à Versailles sous peine d'être considéré comme un ingrat. Arrivé, le 3 janvier 1778, chez M. Le Moyne, maire de Dieppe, alors à Paris, il fut conduit par ce magistrat chez M. Necker et, par ce dernier, chez M. de Maurapas. Justement fier d'accompagner partout le brave Boussard, M. Le Moyne se transporta avec lui à Versailles. Il fut placé dans le salon d'Hercule sur le passage de la famille royale. Lorsque Louis XVI traversa le salon, le duc d'Ayen lui montra le pilote dieppois auquel ce prince dit, d'une voix émue : « *Voilà un brave homme et véritablement un brave homme.* »

Ces témoignages publics de bonté attirèrent autour de Boussard un si grand nombre de personnes, que la reine, qui passa quelques instants après, ne put que l'entrevoir. Elle lui exprima néanmoins, par ses regards, combien elle était sympathique aux actes qui faisaient alors l'entretien et l'admiration de la cour. Boussard reçut ensuite des ministres l'accueil le plus flatteur. M. de Sartine, ministre de la marine, lui fit expédier un brevet de son ancienne solde entière de vingt-deux livres par mois, en qualité de quartier-maître, bien qu'il ne demandât qu'une demi-solde. M. Bertin, dans le département duquel se trouvait la Normandie, chargea M. Le Moyne de chercher dans

la ville de Dieppe un terrain libre sur lequel on
pût bâtir une maison pour lui et sa famille.
M. le garde des sceaux, qui était sur son départ pour Paris, l'invita à venir le voir. Il ne
fut pas moins bien accueilli par le duc d'Orléans,
le duc et la duchesse de Chartres et le duc de
Penthièvre qui lui donnèrent, à leur tour, des
preuves de leur intérêt et de leur bienfaisance.

La ville de Dieppe lui fit bâtir une maison
et l'exempta d'impôts. Greuze fit son portrait
que plusieurs artistes, notamment de la Fosse
et Benoît, reproduisirent au moyen du burin.

Jusqu'ici nous n'avons vu dans le héros
dieppois que l'homme intrépide et le sauveur
de ses semblables. C'est en lisant les deux
lettres suivantes qu'on verra se refléter l'âme
tout à la fois simple, naïve et sublime de cet
homme vraiment extraordinaire.

LETTRE D'UN MARIN

Aux auteurs du *Journal de Paris*, n° 16, 1778.

Morbleu! patrons, quelles bonnes étrennes
vous nous avez données dans votre premier
numéro! Quel homme que *Boussard!* Je fus
ravi d'admiration au récit de l'intrépidité de ce

brave homme. Ce nom lui restera, j'ose vous le prédire ; il lui a été donné par M. Necker et confirmé par le roi lui-même.

Impatient de connoître ce brave pilote, j'allois prendre la poste et partir pour Dieppe, quand j'ai appris qu'il avoit été à la cour, qu'il étoit à Paris ; je vole de société en société pour le rencontrer ; enfin je l'ai vu : il a la taille d'un Hercule, près de six pieds, petite tête, larges épaules, une jambe estropiée par une blessure honorable gagnée au service du roi. Au milieu des grands de toute espèce, rien ne l'intimide ni l'embarrasse ; il conserve un maintien honnête et noble. J'ai voulu tâter la trempe de son esprit et de son cœur ; vous allez en juger par ses réponses.

« Qu'avez-vous fait, lui dis-je, de ces cent pistoles reçues tout à la fois ?

— J'en ai payé mes dettes, parce qu'il faut d'abord que justice se fasse ; ensuite j'ai habillé de neuf ma femme et mes enfants ; c'est la première fois de leur vie. Pour moi, je ne me suis donné que des gilets ; j'ai plus besoin de cape que d'habits : celui que je porte est mon habit de noces ; il est encore tout neuf.

— Mais ces cent écus de pension vous suffiront-ils pour vous faire vivre à l'aise avec votre famille ?

— J'en aurai encore de reste ; d'ailleurs, à quoi sert l'opulence? Quand on enterre un riche, lui met-on seulement un louis d'or sur le nombril ? »

Enchanté de ses réponses, je continuai mes interrogations :

« Ceux qui composoient l'équipage n'étoient ni vos parents ni vos amis? qui vous a inspiré cette intrépidité?

— Parbleu (car il jure encore mieux que moi), c'est l'humanité et la mort de mon père ; il a été noyé, et je n'étois pas là pour le sauver ; aussi ai-je juré depuis de courir au secours de tous ceux que je verrois tomber à la mer... »

Les héros de l'antiquité immoloient des victimes sur le tombeau de leurs ancètres ; celui-ci offre aux mânes de son père les malheureux qu'il arrache au péril auquel il a succombé. Qu'il est beau de faire un pareil serment et de le tenir !

Boussard, né brave, ne voyant dans son action que le devoir d'un homme envers les autres, est étonné de la récompense dont son prince l'a honoré. « J'ai fait, dit-il, beaucoup d'actions comme celle-là ; je ne sais pourquoi ma dernière (c'est son terme) fait tant de bruit. Mes camarades sont aussi braves que moi... » D'après son cœur, quelle haute idée il a des

hommes, et quelle estime les hommes doivent
avoir de lui !

Ne croyez pourtant pas qu'il ignore ce qu'il
vaut. Il avoit envie d'embrasser un enfant que
sa haute taille effrayoit : « N'ayez pas peur, lui
dit Boussard, cela vous portera bonheur d'embrasser un honnête homme... » Ce n'est point
là de la vanité, c'est le témoignage d'une bonne
conscience. Il est extrèmement sensible aux
égards qu'on lui montre ; je lui demandois des
nouvelles de l'accueil qu'il recevoit partout ; il
m'en parut pénétré, mais entr'autres il s'écria :
« Ventrebleu ! que c'est une brave dame que
Mme Necker ! J'avois pris un fiacre, à cause de
ma jambe, pour l'aller voir ; arrivé chez elle,
elle le paie et le renvoie, et m'a fait reconduire
dans son carrosse... ! » Que les Boussards se
multiplient sans cesse et que le beau sexe les
honore toujours !

Adieu, patrons, je n'ai pas le temps de vous
en dire davantage ; je cours presser dans mes
bras ce brave homme avant qu'il reparte pour
Dieppe.

AUTRE LETTRE

Aux auteurs du *Journal de Paris*, n° 211, année 1779.

Au commencement de l'année dernière, je
passai par Dieppe ; je voulus voir celui dont

l'aventure singulière étoit encore récente et qui occupoit le public, et j'allai dans le port; je ne voulus pas, par des raisons particulières, le faire venir chez moi. J'y allai seul, et, m'adressant au premier homme que je rencontrai, je lui demandai quelques détails sur l'action de Boussard, et le priai de me conduire à lui. Cet homme était Boussard lui-même; il me mena à la jetée près de laquelle il avoit sauvé ce vaisseau qui, battu par une violente tempête, et croyant être dans la passe, avoit porté à terre et s'y étoit brisé. Je fus plus frappé encore de l'extrême sensibilité et de la grande simplicité de cet homme que de la grandeur de son courage; il ne se croyoit digne d'aucune récompense, il prétendoit n'avoir fait que son devoir; il s'étonnoit surtout qu'on eût mis cette fois tant de prix au sacrifice de sa vie, puisqu'il avoit fait plusieurs fois la même chose. Il me conta qu'il avoit fait vœu de se conduire toujours ainsi depuis que son père avoit été noyé par la faute et la négligence du pilote alors chargé du fanal de ce port. C'est ainsi, messieurs, qu'il veut se venger de la mort prématurée de son père.

Je sentis bien qu'il ne falloit pas louer un homme qui, par son caractère et surtout par le bruit de ses actions, est au-dessus de la louange ; mais je crus pouvoir lui marquer l'intérêt qu'il m'inspiroit ; et la sensibilité de son caractère, que la rudesse de la vie des gens de mer n'a pu amortir, m'en laissoit la possibilité. Je lui parlois de la petite fortune qu'on venoit de lui faire, de ses enfants, de tout ce que j'imaginai pouvoir l'intéresser.

L'aîné de ses fils se présenta dans ce moment ; il est âgé d'environ douze ans, et a fait sur mer presque autant de voyages qu'il a d'années. Il me dit que ce qui lui plaisoit le plus, dans les bontés qu'on lui avoit témoignées, étoit la promesse de lui bâtir une petite maison. « Aussi petite que l'on voudra, ajouta-t-il, pourvu qu'elle soit sur la jetée. » Et voici la raison qu'il m'en donna : « C'est dans les plus mauvais temps que je dois le moins abandonner la jetée, pour voir si quelque vaisseau n'est pas en danger. Ce n'est pas, ajouta-t-il, que je n'aie une petite cabane, mais elle est très incommode pour moi. »

Nous en étions alors fort près ; j'y entrai, je vis qu'en effet cette cabane, percée par le toit pour laisser le pavillon hissé pendant le jour, et le fanal pendant la nuit, pouvoit incommoder le gardien. J'appris dans ce moment qu'à son retour de Versailles, trouvant la mer mauvaise, il ne voulut pas permettre que celui qui l'avoit

remplacé pendant son absence restât un jour
de plus, quoique le mouvement de la voiture,
dans laquelle il n'avoit jamais été que pour ce
voyage, lui eût ôté l'usage de presque tous ses
membres, et quoi qu'il fût appelé chez lui par
la joie de revoir sa femme et ses enfants qu'il
aime avec la sensibilité qui fait le fond de son
caractère et qui, probablement, est la source de
son extrême courage. Vous voyez, messieurs,
que les louanges et les bienfaits n'avoient altéré
en rien cette âme simple et sublime.

Vous jugerez sans doute, comme moi, du
plus grand chagrin qu'il me dit avoir éprouvé
dans sa pauvreté : « Je ne pouvois, dit-il,
acheter des cordages pour aider les vaisseaux
dans les accidents ; j'étois rebuté d'en emprun-
ter ; il s'en perd, il s'en casse par la force des
coups de mer ; je n'osois revoir ceux qui me
les avoient prêtés, parce que je n'avois pas de
quoi leur rendre... » Son ambition se borne
actuellement à obtenir la permission d'avoir un
mât de plus, pour pouvoir donner à son fanal
une élévation plus considérable.

Le caractère de cet homme me flattoit de
plus en plus. Je voulus voir enfin ce qu'il appe-
loit sa nouvelle fortune ; j'entrai chez lui, je vis
sa femme et ses enfants ; il me montra les matelas qu'il avoit achetés, une armoire et une

espèce de cage où il couche ses enfants, et je vis avec admiration à combien peu tient le bonheur d'un homme honnête et vertueux.

En me contant l'usage qu'il avoit fait de son argent, il me dit qu'il en gardait pour vêtir sa petite famille, et dans ce moment, il les embrassait devant moi ; mais tous ses mouvements étoient si pressés, si pleins de chaleur, si naturels, que je ne pouvois me résoudre à abandonner ce lieu.

Je ne dois pas vous taire que je voulus lui donner de l'argent : il me refusa. Il courut chercher la lettre de M. Necker qu'il garde soigneusement dans une boîte, et à laquelle il ne veut pas que l'on touche, de peur d'altérer ce qu'il lui est, avec raison, si précieux de conserver.

Il m'accompagna au moment de ma sortie. Je continuois toujours à le faire causer sur ses diverses aventures. Je fus étonné de le voir s'interrompre tout à coup. J'en cherchois la cause, lorsque je fus frappé de la vue d'une jeune fille bien faite et d'un air modeste, dont le visage s'animoit par degrés à mesure qu'elle s'approchoit de lui. Arrivée près de nous, elle pose à terre un seau de légumes frais, et saute au cou de Boussard qui l'embrasse tendrement. Je m'écartai parce qu'elle lui parla bas un instant. Quand il m'eut rejoint : « C'est ma petite cousine, me dit-il ; j'ai eu le bonheur de l'élever. Je revenois de la mer, j'étois fort jeune, son père et sa mère venoient de mourir ; elle et une autre petite sœur n'avoient que moi pour ressource ; je n'avois rien, cependant je ne les abandonnai pas ; j'allai dans un village, à deux lieues d'ici, les chercher, porté sur un âne, parce que j'étois blessé d'un coup de fusil que je venois de recevoir en mer, et qui m'empêchoit encore de marcher. Je rapportai ces deux petits enfants ; je ne sais comment j'ai pu faire, mais je les ai élevés ; elles m'ont donné de la satisfaction, elles sont honnêtes filles, et actuellement elles vivent fort bien et honnêtement de ce qu'elles gagnent... »

Vous voyez, messieurs, qu'en moins de deux heures, cet homme, qui ne me connaissoit pas, qui n'attendoit rien de moi, qui a même refusé ce que je voulois lui donner, m'a montré plus de vertus, plus de désintéressement, plus d'abandon de lui-même, plus de noblesse et de simplicité, que beaucoup de gens n'en pourroient montrer pendant tout le cours de leur vie. Aussi m'a-t-il laissé une impression profonde que je désirerois, messieurs, vous communiquer, et, par suite, à ceux de vos lecteurs qui sont en état d'apprécier un pareil homme.

J'ai l'honneur d'être, etc.

Fidèle à son serment et aux devoirs qu'il s'était imposés, Boussard continua, de jour comme de nuit, de surveiller les jetées et le port de Dieppe. A la moindre apparence d'agitation de la mer, ou de quelque bâtiment en danger, il s'élançait dans les flots et, muni de cordes, il dirigeait l'équipage vers le port. Si l'état de la mer l'empêchait d'y conduire le bâtiment, il s'attachait à sauver les hommes, les ramenant les uns après les autres sur le rivage. C'est ainsi que, dans le courant de l'automne de 1786, voyant, vers le milieu de la nuit, qu'une barque allait couler non loin des jetées, et que déjà les six malheureux qui la montaient se débattaient dans les flots, notre intrépide pilote leur jeta des cordes et appela à son aide tous ceux qui étaient sur le rivage à portée de l'entendre. L'obscurité était si grande qu'on ne pouvait apercevoir ceux qui étaient en péril, et qu'eux-mêmes avaient de la peine à distinguer le faible secours qu'on leur présentait. Le fils aîné de Boussard était du nombre des six hommes naufragés. Il avait été assez adroit pour

saisir une corde au moyen de laquelle il aurait
promptement atteint une des jetées; mais,
voyant à ses côtés un malheureux enfant de
quatorze ans, dont les forces étaient épuisées
et qui se laissait entraîner par les vagues, en
digne fils du *brave homme,* il résolut de le
sauver, au péril de sa propre vie. Pour y parvenir plus sûrement, il lui passa le bout d'une
corde sous les bras, et se la passa lui-même
entre les cuisses. Ce double fardeau la fit se
rompre ; un cri du jeune Boussard avertit son
père de l'accident. Ce dernier jette promptement une autre corde que son fils saisit. Résolu
à ne pas abandonner l'enfant qu'il avait pris
sous sa sauvegarde, qui s'attachait fortement à
lui et plongeait toutes les fois qu'il plongeait
lui-même, cet intrépide jeune homme le lia de
nouveau, et, avec l'aide de son père, il fut
assez heureux pour le remonter, ainsi garotté,
sur la jetée, à plus de dix-huit pieds au-dessus
de la mer. Trois autres furent également déro-
bés aux flots par l'emploi des mêmes moyens.

Ce n'était pas le coup d'essai de Boussard
fils. En 1784, il avait déjà sauvé la vie à quatre
naufragés. M. de Crosne lui accorda une gratification de quatre cents livres, et la Chambre
de commerce y ajouta une médaille d'argent
comme elle en avait précédemment décerné

une d'or à son père. Une personne distinguée, qui ne voulut pas se faire connaître, lui fit parvenir un coupon à l'emprunt de quatre-vingts millions qui venait d'être ouvert.

PERTE

DU

BATEAU A VAPEUR OTTOMAN *LE SILISTRIA*

Le 24 juin 1859, le bateau à vapeur à hélice *Silistria*, commandé par le capitaine Moussa bey, sortait des passes d'Alexandrie, se rendant à Constantinople, en touchant à Rhodes et à Smyrne. Le temps était magnifique et tout présageait une heureuse traversée. Les départs pour Constantinople étaient devenus très rares depuis la cessation des voyages du Lloyd autrichien ; beaucoup de passagers qui attendaient depuis longtemps à Alexandrie, ne voulant pas allonger leur voyage en passant par la Syrie, profitèrent de ce départ, et c'est avec trois cent soixante personnes, passagers et équipage, que le *Silistria* partit pour sa destination.

Le vendredi, jour du départ, tout se passa

sans que rien vint troubler la marche du bateau à vapeur ottoman. Mais, pendant les trois jours suivants, il fut le théâtre d'incidents dignes de la barbarie des temps les plus reculés. Plusieurs relations des péripéties du sinistre et des atrocités commises par l'équipage turc sur « ces chiens de chrétiens » parurent dans les journaux du temps. Celle qui, en raison de sa contexture et du nom comme du caractère de ses auteurs, nous a semblé mériter le plus de confiance, est le rapport que le comte Zalusky, chambellan de S. M. l'Empereur d'Autriche, M. A. Wilkinson et M. Boutarides, tous trois passagers à bord, adressèrent à leurs consuls respectifs. Ce rapport, publié par la *Presse égyptienne* du 7 juillet 1859, et reproduit par le *Moniteur universel* du 23 du même mois, est ainsi conçu :

« Monsieur le consul général, en vous présentant ce rapport sur le sinistre de mer dont j'ai été témoin oculaire, je ne me dissimule point la gravité de cette déposition, en quelque sorte judiciaire, ni la portée légale des chefs d'accusation qu'elle implique malheureusement ; et ce n'est qu'après avoir mûrement réfléchi à l'enchaînement des faits isolés, après avoir consulté les impressions et confronté les souvenirs de deux de mes compagnons d'infortune et pesé

préalablement chacune de mes paroles, que je
me décide à vous remettre le présent document,
en me déclarant prêt à le corroborer par un
serment.

« Samedi 25 juin dernier, vingt-quatre heures
après qu'il avait levé l'ancre, le *Silistria*, bateau
à vapeur ottoman, s'arrêtait en pleine mer, et
un craquement, suivi à deux reprises d'un bruit
de ressort qui se démonte, fit éclater les gémissements de la foule qui encombrait le pont :
l'hélice était brisée, et une voie d'eau s'était
ouverte dans la quille du bâtiment.

« On assurait à bord que le mécanicien en chef
— un Turc — avait voulu, par un redoublement
de pression, forcer la machine à reprendre son
cours suspendu ; on allait même jusqu'à pré-
tendre qu'on avait déjà constaté à Alexandrie
l'état endommagé des rouages. Il paraît aussi
positif qu'il aurait été facile à quelqu'un qui se
serait rendu compte de ce qui était arrivé, de
boucher l'ouverture peu considérable au commencement, et l'on peut recourir pour la consta-
tation de cette inculpation, à l'opinion d'un
machiniste russe, passager qui, ne pouvant se
faire comprendre de personne, ne fut amené au
capitaine qu'une heure plus tard, lorsque le
fond de la cale était déjà submergé. Il en retira
un robinet détaché ; mais toutes ses questions

au sujet du tuyau correspondant et ses propres efforts pour le retrouver n'aboutirent à rien. Ayant, à quelque temps de là, plongé une seconde fois, il assura avoir introduit dans une crevasse l'étoupe graissée de suif dont il s'était muni ; un hourra général accueillit ses paroles, et le capitaine l'embrassa avec effusion. Cependant l'eau montait toujours, et l'interruption du travail d'épuisement lui avait fait faire d'alarmants progrès.

« C'est alors que les vingt-huit matelots autrichiens embarqués à bord déployèrent une aptitude au travail, un courage et une persévérance dignes du plus bel éloge. Une seule petite pompe détraquée se trouvait au milieu du pont ; à la poupe, il fallut recourir au procédé manuel des seaux dont il n'y avait guère qu'une dizaine. On agrandit, à coups de hache, l'ouverture de la trappe de la cale ainsi que celle de la claire-voie, ou vitrage du plafond, qui était tout d'une pièce.

« Les passagers européens, se dépouillant de leurs habits, se mirent à seconder énergiquement les marins autrichiens, tandis que les dames encourageaient tout le monde et distribuaient le peu de pain et de vin qu'elles pouvaient se procurer. Les gens de l'équipage turc, au contraire, à l'exception d'un petit nombre d'entre eux, dont les bons services furent acclamés, ne purent être amenés à mettre la main à l'œuvre, ou désertaient leur poste à chaque instant, et prières et menaces vinrent constamment échouer contre la morne apathie des passagers turcs et arabes. Aussi l'eau gagnait-elle toujours, et bientôt on fut obligé d'organiser un second service au milieu du tillac qu'elle menaçait d'envahir par les écoutilles.

« Une voile que l'on aperçut à l'horizon, après en avoir erronément signalé plusieurs autres, fit rayonner l'espoir sur les fronts assombris. Les pavillons de détresse flottèrent et le canon tonna. Hélas ! le navire tant désiré disparut lâchement dans le lointain.

« Le sillage de notre vaisseau qui marchait à pleines voiles, le roulis augmenté par le déplacement incessant de la masse déjà pénétrée, enfin la triple coque en fer et en bois empêchèrent toute tentative sérieuse de remédier à l'avarie extérieure sous la roue de l'hélice, et l'essai que l'on fit de passer une voile en travers, en la serrant contre les parois, n'eut guère de résultat plus heureux.

« Au milieu des cris confus, des lamentations du harem et de la confusion babylonique des langues, il était bien difficile de s'entendre avec

15.

le capitaine, et plusieurs Turcs méfiants mena-
cèrent de leurs pistolets quiconque lui parlerait.
On parvint pourtant à obtenir de lui le jet à la
mer des ballots et même du charbon.

« La nuit du 25 au 26 se passa tout entière au
plus exténuant des labeurs de la part des matelots autrichiens que tout le monde saluait
déjà du nom de sauveurs et qui tenaient tête au
torrent de l'inondation, tandis que l'équipage
ottoman, abandonnant son salut aux bras
d'autrui, dormit paisiblement jusqu'au grand
jour. Le lendemain même, il fut impossible de
relayer les malheureux qui travaillaient déjà
depuis vingt-quatre heures, en s'excitant par
des chansons, des paroles affectueuses et des
cris de : *Vive l'Empereur !*

« Le 26, dimanche, on découvrit un nouveau
vaisseau ; cette fois-ci, il s'approcha du nôtre,
et après bien de cruelles incertitudes, il vira
droit sur nous. C'était un brick du gouvernement égyptien, n° 32, *Reis-Ibrahim,* faisant
voile pour Alexandrie avec chargement de bois.
Notre capitaine lui dépêcha un de ses officiers pour négocier le sauvetage en promettant
indemnité pour l'abandon de la cargaison. On
ne put tomber d'accord sur ce point, et tout ce
que l'on put obtenir fut d'être pris à la remorque. Néanmoins, la présence de ce bâtiment

inspirait un nouveau courage, et comme nous étions parvenus à maintenir l'eau au niveau du plancher de la cabine, on nourrissait l'espoir de tenir bon jusqu'à l'instant où l'on atteindrait Alexandrie, et où l'on se ferait échouer sur les sables du rivage.

« Vaines illusions ! Nous nous croyions à quelques milles de terre, et nous en étions à deux cents. Pas un chronomètre, pas un sextant à bord ; une boussole cassée ! Le capitaine ne savait rien, il parcourait le pont, le pistolet au poing, menaçant de brûler la cervelle à quiconque s'opprocherait des quatre embarcations de sauvetage que, pour plus de sûreté, il fit descendre à la mer avec des matelots turcs armés, qui restèrent dès lors autant d'individus soustraits à l'ouvrage.

« Vers 5 heures du soir, les larmes des dames et les énergiques représentations des passagers et matelots européens, obtinrent la concession d'embarquer toutes les femmes, les hommes jurant de rester avec le capitaine jusqu'au bout. Quelques vieillards et malades que nous joignîmes en contrebande aux femmes furent roués de coups et les dames elles-mêmes traitées fort rudement ; l'opération du transbordement dura jusqu'à bien avant dans la nuit, et rassura et ranima les travailleurs. Il est bien certain que, si elle n'avait pas eu lieu, tout périssait. Pendant la nuit, à la dérobée, pendant que les Européens se promettaient de ne point se trahir en fuyant isolément, S. Exc. le commissaire de la Sublime Porte, à Djeddah, se sauvait avec ses trésors, ses provisions, les officiers, soldats et esclaves de sa suite dans une nacelle gardée à cet effet par des sentinelles armées.

« Le commissaire du bord s'esquiva également avec les groups d'argent, et canots et rameurs ne revinrent plus ! Résistant aux supplications des dames éplorées, le *Reis-Ibrahim* ne voulut se désister d'une seule poutre, et finit par couper les câbles de remorquage. Son brick resta hors de vue jusqu'au matin où on le revit à une distance respectueuse.

«Pendant ce temps, le danger toujours croissant, qui inspirait aux chrétiens des sentiments de dévouement, excitait l'équipage à des actes de brutalité et de brigandage. On pillait les cabines à demi-submergées, et l'on distribuait au hasard des coups de sabre et de bâton ; d'autres se précipitaient dans l'esquif qui nous restait encore et jetaient dehors les *dgiaours* entrés avant eux. Quelques-uns tâchèrent de se sauver à la nage, et se noyèrent, distancés par les deux navires.

Lundi 27, à l'aube du jour, le gaillard d'arrière s'enfonçait déjà jusqu'au bastingage, et force fut de l'abandonner entièrement pour concentrer toutes les forces ouvrières sur le milieu du pont. La lassitude était telle, que les plus déterminés se trouvaient en proie à un abattement, à une prostration de forces qui paralysaient leur volonté d'agir. D'autres, hébètés, l'œil hagard et les cheveux hérissés, devenaient idiots.

« On vit rouler la tête d'un Croate, et les matelots autrichiens portent les marques des tranchants de cimeterres. Les barques revenues, craignant les brisants et le tumulte, se tinrent à quelques mètres de distance, ce qui fut cause que, quand le capitaine, par un revirement soudain, délia tout le monde de la promesse si noblement tenue, et cria un tardif *sauve-qui-peut*, un très petit nombre de personnes eurent la présence d'esprit et l'agilité de s'enlever sur des cordes et de s'élancer jusqu'aux canots, où ils étaient reçus à coups de rame et de poing, où on commençait par les rançonner, et où tous leurs efforts pour s'accrocher au vaisseau qui sombrait déjà, afin de sauver leurs amis, échouèrent contre la pusillanimité des barbares qui gagnaient le large au plus vite. Même après avoir déposé les naufragés à bord du voilier, ils perdaient les plus précieux moments sans vouloir céder une seule des quatre embarcations aux quatre Autrichiens déjà sauvés, et qui demandaient à grands cris qu'on les laissât faire.

« Le reis lui-même ne se décida à laisser jeter son bois à la mer, à diriger sa proue sur le navire en agonie, et à permettre aux quatre Dalmates d'armer son canot détraqué, qu'à la vue des valeurs en papiers et de deux bourses pleines d'or qu'il compta minutieusement à deux reprises, tout en faisant signer un contrat pour le remboursement de la somme entière, comprenant le chargement et le fret de son brick. Une seule expédition de barques réussit encore ; on n'y recueillit que ceux qui prodiguaient l'argent à pleines mains.

« Alors, par une mer moutonnante, le soleil apparut radieux pour éclairer un spectacle aussi grandiose que navrant. Une vague balaya le pont ; le bâtiment se cabra ; une colonne de fumée et d'écume jaillit de la cheminée, et tout s'enfonça lentement dans le gouffre tourbillonnant, au milieu des cris déchirants des infortunés qui gravissaient la proue et le beaupré, et auxquels répondaient les sanglots des femmes sur le voilier égyptien.

« Tout était dit... une trentaine de personnes furent encore retirées des ondes ; la dernière fut un malheureux jeune homme qui ne voulant pas quitter son frère et son oncle incapables de se sauver à la nage, se laissa engloutir avec eux, et qui, après avoir été entraîné jusqu'au fond du gouffre béant, blessé par les décombres, se soutint sur les flots bouillonnants pendant une demi-heure au moins, plusieurs barques ayant refusé de secourir un infidèle.

« J'ai constaté moi-même, Monsieur le consul général, la mort de cinquante-six personnes parmi lesquelles les deux passagers de première classe, justement indignés, le capitaine et treize de ses marins, sept individus appartenant à un Arabe, sept autres à un Turc, le neveu d'un pope grec, qu'un coup en plein visage avait étourdi, le Croate susmentionné et un domestique du bord également autrichien, deux juifs, le mari d'une femme arabe et plusieurs autres personnes.

« Selon toute apparence, le nombre des victimes est plus considérable encore. Malheur à ceux dont l'incurie, l'aveuglement ou la méchanceté ont été cause de ce sinistre. Ils en répondront devant Dieu. Le capitaine qui, par de sages dispositions, et secondé par les braves Autrichiens, aurait pu sauver tout le monde et même les valeurs, mourut du moins à son poste ; mais le reis, que l'avarice seule fît naviguer pendant vingt-quatre heures à côté de nous sans que l'aspect de notre agonie et les gémissements des suppliants aient pu amollir ce cœur endurci, que pourrait-il alléguer pour son excuse devant les hommes?

« Deux fois nous passâmes sur l'emplacement couvert de flottants débris sans revoir une seule tête humaine. Il était trop tard ! Nos yeux s'usaient à chercher sur la surface étincelante ; pas un cadavre ne reparut.

« Que dirai-je, Monsieur le consul général, sur notre voyage de retour ! Il fut long et pénible. Les pauvres dames, resserrées sur l'étroit espace de la soupente élevée de l'escalier de cale, ne recevant littéralement qu'une goutte d'eau et une bouchée de pain deux fois par jour, poussées, bousculées et rançonnées tout le temps, et n'ayant point d'appui pendant la nuit pour leurs têtes fatiguées, firent preuve d'une abnégation, d'une résignation et d'une force d'âme bien touchantes. Les rixes entre les voleurs et les volés, entre les gens mourant de soif et ceux qu'on abreuvait parce qu'ils avaient encore de quoi payer, remplissaient le vaisseau de tumultueuses imprécations. Le jour de notre arrivée, les actes de rapine devinrent si nombreux de la part des forbans turcs et des gens de la suite du pacha, que nous établîmes ce dernier pour juge et arbitre des différends, arrêtant au passage les objets suspects et visitant les sacs, car ils en avaient sauvés, au risque de tuer les personnes sur les têtes desquelles ils les jetaient dans les barques, et sans réfléchir, les insensés ! que c'étaient autant de places de moins pour des vies humaines.

« Enfin, arrivés à bon port, ces hommes, au lieu de remercier la Providence de leur salut, ne songèrent qu'à s'enrichir. Nous découvrîmes deux cachettes qu'au risque de leur vie, les matelots autrichiens, dirigés par quelques passagers, défendirent de toute approche pendant une demi-heure, en attendant l'arrivée de la force armée et bravant les sabres dégaînés. Les dames, assistées de deux autres messieurs, s'embarquèrent non sans péril, et aucun secours ne venant, il fallut capituler avec les corsaires qui, sous la condition de nous laisser visiter, ce qui fut fait, promirent de ne point inquiéter notre retraite. ——

« Vous savez le reste, Monsieur le consul général, vous vîtes des plaies encore saignantes ; vous fûtes témoin des souffrances imprimées à ces haves visages. Croyez que, loin d'exagérer des faits déjà si déplorables, j'ai au contraire tâché de rester dans les limites de la plus stricte vérité, et c'est ce qui m'a fait retarder d'un jour la présentation de cet acte qui ne devait pas être écrit sous l'impression d'une fiévreuse exaspération ou d'informations vagues et inexactes.

« En foi de quoi, je signe le présent document de ma main, tout en ayant l'honneur d'être, etc.

« Le comte CHARLES ZALUSKY,

« Chambellan et attaché de légation au service de S. M. I. et A. »

Alexandrie d'Egypte, le 30 juin 1859.

Une lettre d'un autre passager du *Silistria*, insérée dans le *Sémaphore de Marseille*, puis dans le *Moniteur de la flotte* du 17 juillet 1859, confirme les détails qui précèdent ; nous en extrayons les passages suivants :

« Quand, dans la journée du samedi, un navire fut aperçu à l'horizon, quoique la panique à bord fût déjà très grande, l'espoir commença à renaître ; on n'était plus isolé dans l'Océan ! On pria alors le capitaine de vouloir bien appeler le navire en mettant le pavillon en berne et tirant le canon ; Moussa bey s'y opposa d'abord, mais il dut céder aux instances réitérées des passagers. On tira un coup de canon ; le navire ne dérangea pas sa marche, et n'avait pas entendu. Le second coup de canon fut tiré ; on attendit : au bout d'un instant, le bâtiment mettait le cap sur le bateau à vapeur. Au milieu du découragement qui régnait déjà à bord, un cri de joie partit de toutes parts. Au bout de deux heures, le bateau à vapeur et le navire se rencontrèrent.

« C'était un bâtiment marchand turc, chargé de bois, qui allait à Alexandrie. Les capitaines se concertèrent, et il fut décidé que l'on embarquerait immédiatement à bord du navire, les femmes, les enfants et les vieillards, et que le vapeur serait remorqué dans le port le plus voisin. Hélas ! on était encore loin des côtes d'Egypte !

« Il y avait parmi les passagers un passager, ex-gouverneur de la Mecque, et son harem. Le harem fut embarqué le premier à bord du navire. Son Excellence voulut aussi suivre le harem, mais Moussa bey le pria de ne pas quitter le bord, afin de ne pas donner l'exemple de la désertion. Le pacha resta... Après le harem, les femmes, enfants et vieillards des autres passagers, furent embarqués sans difficultés, et le *Silistria*, remorqué par le navire, se soutenait toujours, grâce à l'énergie et au travail opiniâtre des matelots autrichiens, car sans eux, il faut l'avouer, le bateau à vapeur aurait depuis longtemps coulé bas.

« On marcha ainsi jusqu'au dimanche à midi. A cette heure, la voie d'eau augmenta, la panique devint extrême, et au milieu des pleurs et du désespoir, les passagers demandèrent à grands cris au commandant Moussa bey qu'il donnât l'ordre d'embarquer à bord du navire turc. Le capitaine s'y opposa formellement et dit « qu'il défendait qu'on sortît du bateau ; « que si on faisait le moindre mouvement, il « ferait couper les amarres qui le retenaient au « bâtiment marchand et qu'il conduirait ainsi « les passagers en Amérique (textuel). »

« En même temps il donnait ordre à quelques hommes de l'équipage de se munir de sabres et de frapper sans pitié sur le premier qui tenterait de se sauver en sautant dans les embarcations qui étaient le long du bord. Cet ordre incompréhensible jeta la consternation au milieu des passagers qui virent immédiatement des matelots turcs venir avec des sabres protéger l'échelle du bateau à vapeur. On fut forcé de se résigner : on attendit. L'après-midi se passa ainsi. Vers le soir, l'eau augmenta ; alors, un passager russe, un comte, dit-on, plongeur habile, fit ouvrir, avec l'assentiment du capitaine, l'arrière du bâteau à vapeur par les chambres, et descendit à l'ouverture de l'hélice d'où l'on soupçonnait que venait la voie d'eau ; après des efforts inouïs on ne fit rien, tout devint inutile, l'eau emplissant l'arrière.

« Le vaillant plongeur ne se tint pas pour battu, il se fit descendre en dehors du bateau, à l'ouverture de l'hélice, et malgré la mer houleuse qui imprimait au navire un mouvement de tangage très fort, et empêchait de voir d'où venait la voie d'eau, il put appliquer presque au hasard des toiles et des coussins qui diminuaient en quelque sorte l'ouverture, car depuis lors l'eau descendit à l'arrière, et l'on vit avec satisfaction que les pompes et les secours avaient l'avantage. Le courage revint.

« Après le coucher du soleil, le navire turc, voyant que le vapeur se soutenait plus facilement, lâcha les amarres qui le retenaient au *Silistria*, et s'éloigna, attendant le lendemain pour revenir le prendre à la remorque. Cette longue nuit passa et le jour reparut ; c'était le lundi au matin, 27 juin. On avait travaillé avec activité aux pompes toute la nuit, et on luttait toujours avec quelque avantage sur la voie d'eau. Le vapeur marchait à la voile. Le navire marchand s'approcha.

« Le capitaine, voyant alors que l'on était maître de l'eau, et oubliant que ce qui sauvait le bateau c'étaient les toiles fixées à l'ouverture de l'hélice, donna ordre de chauffer et de mettre la machine en mouvement ; mais à peine l'hélice eut-elle fait trois tours, qu'un craquement horrible se fit entendre, et la voie d'eau recommença si forte, qu'en un instant tous les moyens employés jusqu'alors avec succès ne suffirent plus.

« C'en était fait ; le peu de courage qui restait à bord fut perdu... C'est alors que les passagers voyant l'eau qui gagnait rapidement par l'arrière, n'écoutant plus que leur désespoir et l'instinct de leur conservation, se précipitèrent par l'échelle dans les barques. A cet instant, ce qui se passa à bord est indescriptible, le désordre fut à son comble, car les malheureux qui descendaient tombaient en partie à la mer, et les autres étaient frappés sans pitié par les matelots armés de sabres qui exécutaient l'ordre du capitaine Moussa bey ; six furent frappés mortellement, tombèrent à la mer et se noyèrent. Dans l'intérieur, les matelots, rivalisant de rage avec leur capitaine, frappaient à coups d'aviron ceux qui y étaient arrivés, ne voulant recevoir que des musulmans et « laisser périr les chiens de chrétiens » qui cherchaient à se sauver (textuel).

« Un prêtre grec était dans une des barques ; on s'acharna après lui, on voulut le jeter à la mer ; alors, se couchant sur un banc qu'il étreignit, il répondit à ceux qui lui disaient de re-

monter à bord qu'il aimait tout autant mourir
sous les coups qu'être jeté à la mer ; il reçut
une grêle de coups d'aviron sans lâcher prise ;
de guerre lasse, les matelots turcs le laissèrent
tranquille ; il était ensanglanté et meurtri, mais
il pouvait être sauvé. Ce malheureux prêtre
avait vu périr quelques instants auparavant, et
à ses côtés, son neveu, jeune homme malade,
qu'il accompagnait loin d'Egypte où le climat
lui avait été fatal, frappé de deux coups de
sabre qui l'avaient précipité du bord à la mer
où il avait disparu.

« A l'intérieur du navire, des matelots musulmans couraient dans les cabines et y enfonçaient
sacs et valises pour y chercher de l'argent, des
bijoux qu'ils espéraient y trouver.

« Au milieu de ces coups, de ces cris, de ces
scènes déchirantes et horribles que la plume se
refuse à retracer, au milieu de ce chaos enfin,
les hommes harassés qui pompaient, voyant
que le navire coulait, cherchèrent aussi à se
sauver, et abandonnèrent leur ouvrage. Dès
lors, l'eau montait rapidement. Le *Silistria*
s'emplissait à vue d'œil, et avant que tous les
passagers eussent pu se sauver dans les barques,
le bateau à vapeur s'enfonçait par l'arrière
presque perpendiculairement et s'abîmait au
fond des eaux.

« Cent passagers à peu près étaient encore à bord au moment où le *Silistria* sombra; on vit flotter à la surface des eaux mille objets du navire au milieu desquels luttaient les malheureux qui demandaient secours; d'autres disputaient leur vie à la mer, attendant que les barques vinssent les sauver. Elles vinrent trop tard! Une vingtaine de passagers furent recueillis, et le reste fut englouti avec les débris du *Silistria*.

« Le capitaine, qui était resté à bord, a péri avec son navire, et n'a plus reparu quoi qu'il se fût précautionné en s'attachant une ceinture de sauvetage, subissant ensuite, sans retard, la punition de sa conduite inqualifiable. Quatre-vingts personnes ont trouvé la mort au milieu de cet horrible naufrage, les autres passagers se sont sauvés à bord du bâtiment turc.

« Il n'y a qu'une voix parmi les passagers sauvés pour louer la conduite des matelots autrichiens qui, à eux seuls, ont tenu tête à la voie d'eau pendant longtemps, et ont empêché la perte totale du bateau et des passagers. Mais s'il n'y a qu'une voix pour louer la conduite des matelots autrichiens, il n'y a aussi qu'une voix pour blâmer la conduite de l'ex-gouverneur de la Mecque dans cette circonstance. Il ne s'est pas conduit comme on aurait dû l'attendre d'un fonctionnaire supérieur. Sa conduite a été inexplicable; l'enquête qui se poursuit en ce moment éclaircira bien des choses que tout le monde dit tout haut ici; mais que, vu la position du personnage, je ne me permettrai pas de raconter, quoi qu'elles soient dans la bouche de tous les personnages qui ont échappé au naufrage.

« Le *Silistria* englouti, le navire ottoman continua sa route vers Alexandrie, emportant les passagers sauvés qui s'arrangèrent à bord comme ils purent, n'ayant pour toute nourriture qu'un morceau de galette et un verre d'eau. Cela n'aurait été rien si, après leur installation précaire, ils n'avaient été honnêtement dévalisés par l'équipage du navire ottoman qui leur faisait payer une rançon suivant la physionomie des individus. Ainsi, un verre d'eau a été payé 5 louis, un autre verre d'eau, une montre en or de 20 livres sterling; d'autres, faute d'argent, ont souscrit des billets, etc. Ces faits n'ont pas besoin de commentaires. En plein dix-neuvième siècle, nous assistons à un naufrage et à un sauvetage dignes des barbares des temps les plus reculés.

« D'autres détails bien misérables m'ont été donnés par les passagers sur la conduite de l'équipage à bord du *Silistria* envers les malheureux qu'ils avaient mission de protéger et de sauver. Vous me permettrez de les taire, ceux que je vous ai rapportés suffisent pour prouver une fois de plus que les musulmans sont encore dignes de leur ancienne renommée, et que le généreux sang chrétien, versé pour eux pendant ces dernières années, n'a point effacé et n'effacera jamais l'aversion qu'ils ont vouée à tous ceux qui ne sont pas, comme eux, nés dans la religion des vrais croyants. »

Le personnage incriminé dans le rapport et la lettre qui précèdent était S. Exc. Mohammed-Saïd-Hamdi pacha, président du conseil des opérations militaires à Djeddah. Accusé dans la *Presse égyptienne*, au sujet de sa conduite pendant le sinistre du *Silistria*, il adressa à S. Exc. Chérif pacha, ministre des affaires étrangères d'Egypte, une lettre dont la traduction fut publiée par le journal qui la fit précéder des observations suivantes :

« Nous publions cette pièce avec d'autant plus d'empressement qu'émanant d'une des victimes de la catastrophe, elle peut servir à l'éclaircissement des faits, et que, d'un autre côté, il résulterait de renseignements provenant de bonne source, que S. Exc. Mohammed-Saïd-Hamdi pacha n'aurait sauvé du naufrage qu'une caisse contenant les papiers relatifs à sa mission, et qu'à son retour à Alexandrie, il aurait dû accepter de la générosité de S. A. le vice-roi jusqu'à des vêtements dont il avait le besoin le plus urgent. »

Voici la lettre en question :

« Excellence,

« Dans son numéro du 20, le journal *la Presse égyptienne* publie un rapport qui contient contre moi des imputations absolument dénuées de fondement. En m'accusant d'avoir fait sortir du bateau à vapeur *Silistria* mes bagages, ma suite et mes provisions, y compris une pastèque, ce rapport contient une grave erreur qu'il est facile de prouver.

« Les provisions et les bagages sont en effet des choses que chacun peut voir, et le directeur, ainsi que les employés ou domestiques de Moussafir-Kassé (palais servant d'habitation aux hôtes du gouvernement), à Alexandrie, d'où je suis parti directement, et où je suis revenu aussitôt après le débarquement, peuvent dire quels étaient les objets que j'ai emportés au départ et dans quel état de dénûment je me trouvais au retour. Je n'avance rien à cet égard qui ne puisse être facilement vérifié, et S. Exc. le gouverneur a reçu des renseignements qui ne laissent aucun doute sur la vérité de mon assertion.

« Le même journal, dans son numéro du 19, dit qu'on me signale comme très coupable. Sur quoi repose cette accusation ? J'aurais pu, au premier signal du danger, passer du bateau à vapeur sur le navire à voiles ; mais, bien loin de ne penser qu'à mes bagages et à ma vie, comme on le prétend, je me suis occupé avant tout de sauver mes compagnons d'infortune ; dans ce but, j'ai passé avec le capitaine du navire à voiles un contrat en langue arabe que j'ai signé le premier et fait signer aux autres ; pour garantir au capitaine l'exécution de ce contrat, je lui ai envoyé Hassan efendi, bimbachi, aide de camp de S. Exc. Ahmet pacha, général en chef des troupes de l'Arabie, et Moukthar efendi, également bimbachi, qui m'accompagnaient dans le voyage.

« Grâce à ce contrat et aux garanties qui lui étaient offertes, le capitaine s'est décidé à jeter à la mer son chargement de bois et à se rapprocher de nous pour prendre à son bord ceux qui se trouvaient sur le bateau à vapeur. J'ai fait transporter sur le navire à voiles d'abord toutes les familles européennes, puis les indigènes, en commençant par les malades, les enfants, les femmes, les vieillards, etc. ; tous ceux qui étaient là peuvent témoigner de mon empressement, de mes efforts multipliés, de l'énergie que j'ai déployée dans le moment ; tous peuvent dire que j'ai fait tout ce qu'il était humainement possible de faire pour sauver ceux qui se trouvaient sur le bateau à vapeur.

« Enfin je n'ai quitté ce. bateau que deux heures et demie avant qu'il coulât à fond ; quand je l'ai vu près de s'abîmer, je me suis jeté dans une chaloupe pour gagner le navire à voile.

« Voilà, Excellence, toute la vérité ; voilà les faits tels qu'ils ont eu lieu ; les assertions émises dans le journal en ce qui me concerne sont, je le répète, absolument dénuées de fondement, fausses, controuvées. Je viens donc, Excellence, vous demander justice, et j'espère que votre haute protection ne me manquera pas dans cette circonstance.

« Veuillez agréez, etc. »

Nous ignorons si l'enquête prescrite au sujet du naufrage du *Silistria* eut lieu, et en cas d'affirmative, si elle accueillit les dénégations de S. Exc. Mohammed-Saïd-Hamdi pacha, ou les assertions de ses accusateurs. Mais s'il fut innocenté, nous doutons qu'il ait pu en être ainsi de l'équipage du *Silistria*.

NAUFRAGE DE LA FRÉGATE *L'AFRICAINE*

La frégate *l'Africaine*, commandée par **M.** le
capitaine de vaisseau J. Epron, passant **des**
Antilles à Terre-Neuve, était enveloppée depuis
trois jours par d'épais brouillards, lorsque le
16 mai 1822, au matin, courant sous les huniers
et la misaine, le cap au N.-E, les vents à
l'O.-S.-O., filant de six à sept nœuds par
un temps tellement brumeux, qu'on n'apercevait rien au delà de trois encâblures au plus,
elle se trouvait par 44° 3' 30'' de latitude nord
et 62° 33' de longitude ouest. A 6 heures 05 minutes, au moment où l'on venait de haler la
ligne de sonde qui avait rapporté 25 brasses,
un violent coup de talon fit monter tout le
monde sur le pont. On essaya vainement de
faire venir la frégate sur tribord. On apercevait
la terre, c'est-à-dire l'île de Sable, située à
50 lieues de la Nouvelle-Ecosse. La frégate

étant évidemment à la côte avec des vents qui l'y poussaient, il fallut se résoudre à carguer et serrer les voiles. Le gouvernail ne tarda pas à être démonté ; la mâture commençait à être ébranlée par la rapide succession des coups de talon, heureusement sur un fond de sable, ce qui laissa le temps de mettre les embarcations à la mer, qui n'était pas encore très grosse, et de bien amarrer la batterie. Pendant ce temps, toutes les pompes jouaient ; on avait l'espérance que la frégate ferait sa souille, et qu'en portant une ancre au large, on parviendrait à la relever ; mais le maître charpentier vint rendre compte que l'étambot était cassé. Il n'y avait plus alors qu'à s'occuper du salut de l'équipage, ainsi fut-il arrêté par tout l'état-major réuni en conseil dans la chambre du commandant. Bien qu'on se crût sur une côte inhabitée, des coups de canon d'alarme furent tirés à tout événement. Grande fut la surprise quand on entendit qu'on y répondait par un coup de canon qui eut pour effet de redoubler l'ardeur des hommes qui travaillaient avec un grand courage.

Tout à coup le vent passe au N.-O., le temps s'éclaircit et l'on aperçoit un petit fort sur lequel était arboré un pavillon qui parut hollandais. Bientôt après accoururent sur le rivage trois hommes faisant des signes qui promettaient du moins l'assistance de leurs faibles moyens.

Déjà le maître calfat avait prévenu que le travail des pompes était inutile, la frégate étant crevée en plusieurs endroits. Le commandant, accompagné de quelques-uns des officiers, s'étant assuré de l'exactitude de ce rapport, on se hâta de couper la mâture, ce qui fut rapidement exécuté sans aucun accident pour les matelots ; mais, malgré tous les efforts qu'ils avaient pu faire pour déterminer la frégate à donner la bande du côté de terre, elle avait commencé dès le principe à pencher sur tribord, et c'est de ce côté que la mâture tomba. On essaya alors d'envoyer la chaloupe avec les malades, les blessés et les mousses, mouiller sur ses grapins à la naissance des brisants, en la retenant à bord par une aussière. L'intention du commandant était de faire aller les petites embarcations de la chaloupe à terre et de les faire revenir de terre à-la chaloupe à l'aide d'un va-et-vient. On aurait ainsi opéré successivement le débarquement de l'équipage ; mais, pendant que l'on travaillait à exécuter ce projet, les trois hommes qui étaient sur le rivage indiquaient, par leurs signes, qu'il y avait un danger imminent à persister dans cette entreprise à l'endroit où en voulait la faire, endroit qui était, par le travers de la frégate, à trois encâblures environ.

Ils en montraient un autre plus à l'est, vers lequel la frégate se dirigea. Elle fut obligée de larguer l'aussière qui la tenait à la chaloupe, et elle alla mouiller à une distance convenable des trois hommes qui se tenaient prêts à offrir le secours de leurs personnes, le seul dont ils pussent disposer.

L'embarquement des hommes dans les petits canots, pour les transporter jusqu'à la chaloupe, s'était effectué avec ordre et régularité ; mais les grapins de la chaloupe cassèrent ; elle fut entraînée par les lames, et se brisa sur le rivage. L'enseigne de vaisseau Mallet, qui la commandait, parvint néanmoins, avec l'aide des trois hommes accourus à son secours, à sauver tout son monde. Il restait le grand canot pour remplacer la chaloupe, et servir à déposer les hommes qui devaient ensuite être transportés à terre. Le lieutenant de vaisseau de Parseval-Deschênes (mort amiral et sénateur) fut chargé de cette opération difficile qu'il termina en peu de temps au moyen de trois grapins empennelés et mouillés. Déjà il avait établi le va-et-vient du grand canot à terre, et cette opération allait avoir son plein succès, lorsque cet officier, pour la terminer, s'avança dans les brisants et réussit à envoyer un bout de filin à terre ; mais un des habitants venu à

son secours, comprenant mal son intention, et
emporté par un mouvement généreux, s'élança
dans les lames, se saisit de la bosse de la yole
de *l'Africaine*, appela à lui ses compagnons,
ainsi que les hommes de la chaloupe, et hala
sur le sable cette embarcation qui, malgré tous
les efforts de M. de Parseval, fut brisée sur le
rivage. Néanmoins, quelque affligeante que fût
cette nouvelle perte, il ne fallait pas renoncer
à l'unique moyen de salut qui restait. En conséquence, l'élève de première classe Le Peltier
s'embarqua dans le petit canot armé et chargé
de novices ; il s'approcha du grand canot pour se
saisir du va-et-vient ; mais ces deux canots s'é-
tant abordés, le petit eut un bordage enfoncé
et remplit aussitôt ; une seconde lame le fît
chavirer et le brisa complètement. Les débris
de l'embarcation furent jetés roulant pêle-mêle
sur le rivage, et il ne fallut rien moins pour
sauver les novices que le dévouement des trois
habitants, aidés par les hommes déjà débarqués
que dirigeaient MM. de Parseval, Mallet et
Guillard, second chirurgien de la frégate. Cette
seconde perte faisant redouter que les autres
embarcations n'éprouvassent le même sort, le
grand canot fut rappelé à bord, sauf à être envoyé à la même place, lorsque la houle brise-
rait moins à terre.

Cependant l'inaction ne pouvant qu'amener le découragement de l'équipage, on s'occupa de rallier les débris flottants de la mâture pour en faire une drôme et, par suite, un radeau, si c'était possible, dénué qu'on était de tous les moyens nécessaires pour en établir un convenable. L'enseigne de vaisseau Baherze de Lanlay, chargé de ce service, l'exécuta néanmoins avec quelque succès ; de plus, la grande drôme fut solidement saisie sur elle-même et ses saisines du bord coupées pour la laisser glisser en dehors par tribord.

A une heure de l'après-midi, on voulut de nouveau envoyer une ligne de loch à terre pour établir un va-et-vient. L'enseigne de vaisseau Bellenger partit à cet effet, avec deux hommes, dans une légère pirogue ; mais à peine était-il à quelques brasses du bord, que l'on vit M. de Parseval accourir sur le rivage et faire signe de renoncer à cette nouvelle tentative.

Toutefois, la mer devenait plus grosse ; la frégate était entièrement portée sur son côté de tribord, et fatiguait tellement, qu'il y avait lieu de craindre qu'elle ne se séparât en deux, ce qui eût occasionné de grands malheurs, car les trois embarcations qui restaient étaient loin de suffire à l'embarquement de tout le monde.

D'après ces considérations, on accéda au vœu de quelques hommes qui, se disant bons nageurs, demandèrent à être transportés par un canot à une certaine distance de terre d'où, en effet, ils se jetèrent nus à la mer, au nombre de neuf, et furent recueillis sur le sable comme l'avaient été leurs camarades des canots.

Ce premier voyage ayant pleinement réussi, on en essaya un second deux heures plus tard, à la demande de huit bons nageurs; mais comme ils rencontrèrent plus de difficultés que les premiers, on n'en fit plus. M. de Parseval venait d'ailleurs de faire des signaux qu'on n'avait pas bien compris, mais qui, selon quelques rapports venus par les canots, semblaient annoncer qu'on recevrait des secours par mer.

Les choses restèrent en cet état jusqu'au soir, et l'on augurait bien de l'absence du rivage de M. de Parseval par la juste opinion qu'on avait qu'il était allé chercher les moyens de réaliser l'espoir consolant qu'il avait inspiré. Au coucher du soleil, M. Guillard, monté sur une éminence, tenait un pavillon blanc d'une main et indiquait l'ouest de l'autre en agitant son chapeau, de manière à ne plus laisser de doute sur l'arrivée de quelque navire; cependant ce ne fut qu'à 11 heures du soir qu'on aperçut un feu à la pointe de l'ouest, sur la-

quelle les regards s'étaient toujours dirigés. Dès
ce moment, on fit moins attention à la position
critique dans laquelle chacun se trouvait par le
jeu en sens contraire de l'avant à l'arrière
qu'avait pris la frégate, ce qui donnait fortement
à craindre qu'elle ne tardât pas à se séparer en
deux vers le maître-bau. En prévision de ce
malheur possible, des ordres avaient été donnés
aux officiers et aux élèves chargés de la garde
des embarcations de se tenir toute la nuit à
portée de voix de la frégate, en position de
porter secours à ceux qui étaient restés au dehors, sur la préceinte, à bâbord ; ils étaient au
nombre de cent hommes environ, y compris
le commandant, le lieutenant en pied Fauré
(mort contre-amiral) et le chirurgien-major
Jollivet qui avait persisté à vouloir rester à bord
jusqu'à la fin, dans la vue d'assister immédiatement tout homme qui viendrait à être
blessé. Pendant presque toute la nuit, d'un
froid très rigoureux, ces hommes furent couverts par la lame qui déferlait par-dessus la
frégate, et ceux qui étaient dans les embarcations ne souffraient pas beaucoup moins ; cependant aucune plainte, aucun murmure n'é-
taient entendus. A 11 heures du soir, les
canots donnèrent avis qu'une goëlette, dans
laquelle était M. de Parseval, venait de mouiller

à environ un mille au large de la frégate.
C'était la goëlette *Two-Brothers*, montée par
M. Darby, son capitaine et propriétaire, qu'une
mission particulière amenait dans ces parages
et qui avait entendu les signaux de détresse de
l'*Africaine*. M. de Parseval s'y était embarqué,
et sur son observation que le moindre retard
pouvait avoir les plus fâcheuses conséquences
pour les naufragés, M. Darby, pour arriver plus
vite à leur secours, avait jeté son chargement
à la mer, et, afin d'abréger sa route, il s'était
décidé à passer, au milieu des brisants, dans un
chenal étroit, où il avait touché deux fois et
avait endommagé sa goëlette. L'évacuation
commença aussitôt, et à 4 heures du matin,
après s'être assurés qu'il ne restait plus personne à bord, le chirurgien-major, dans l'avant-
dernier canot, le lieutenant en pied et le commandant dans le dernier firent le douloureux
abandon des débris de la frégate.

Le capitaine Darby ramena les naufragés par
le chenal qu'il avait déjà traversé, et les déposa
sur la plage de l'île de Sable, où l'on fit l'appel
de l'équipage, appel qui constata la perte de
deux soldats et de quatre matelots du nombre
de ceux qui, sachant nager, s'étaient embarqués
dans les canots.

L'île de Sable, sans l'établissement qu'y entretient le gouvernement de la Nouvelle-Ecosse, serait chaque année le tombeau d'un grand nombre de naufragés si un philanthrope, dont le nom mérite d'être conservé, sir John Wentworth, ne l'y avait fondé. M. Hodgson, qui l'habitait avec sa famille, et qui, avec son gendre et l'un de leurs serviteurs, avait, non sans de grands dangers, contribué à sauver quatre-vingts hommes qui, les premiers, avaient essayé de gagner la terre, M. Hodgson eut pour les naufragés tous les soins, toutes les attentions possibles.

Le capitaine Darby conduisit lui-même ces malheureux à Halifax; mais la goëlette ne pouvant contenir qu'une partie de l'équipage de la frégate, le lieutenant général sir James Kempt, gouverneur de la Nouvelle-Ecosse, lui adjoignit son propre *boat* dont l'enseigne de vaisseau Mallet prit le commandement.

Pendant leur séjour à Halifax, l'état-major et l'équipage de l'*Africaine* furent comblés d'attentions et de prévenances par sir James Kempt, ainsi que par les officiers de son état-major. Ils eurent beaucoup à se louer aussi des bons procédés de M. Haden, commissaire général de Sa Majesté britannique, qui mit le plus grand zèle à leur procurer les moyens de retourner à Brest.

Le roi, sur le rapport de M. le marquis de Clermont-Tonnerre, ministre de la marine et des colonies, nomma sir James Kempt commandeur de la Légion d'honneur, et fit adresser des remerciements à MM. Haden, John Bazalget, major de brigade, et Goze, major, premier aide de camp de sir James Kempt.

Trois médailles d'or et une d'argent furent frappées pour consacrer le souvenir du dévouement de M. Darby, de M. Hodgson, de son gendre et de leur serviteur; des gratifications accompagnaient ces médailles. Ces divers témoignages de la satisfaction du roi furent portés à leur destination par la corvette *l'Egérie*, commandée par M. le capitaine de frégate Béhic. Partie de Brest, le 1er septembre 1822, elle arriva à Halifax, le 18 octobre suivant.

NAUFRAGE DE LA *WILHELMINE*

ET DE

PLUSIEURS AUTRES BATIMENTS HOLLANDAIS

Sur la côte orientale du Groënland.

Le navire *la Wilhelmine*, commandé par
Jacques-Henri Broerties, de Sardam, partit du
Texel, le 14 avril 1777, pour aller à la pêche
de la baleine. Le 22 juin, il arriva heureusement près de la côte orientale du Groënland,
le long des vastes champs de glace mouvante
qui couvrent ces mers. Il jeta l'ancre et commença aussitôt les préparatifs de la pêche.
Cinquante autres bâtiments se trouvaient déjà
dans ces parages qui attirèrent particulièrement
l'attention par le grand nombre de baleines que
l'on y pêcha ; la *Wilhelmine* en prit une dès
le lendemain de son arrivée. Le 25, des glaçons
énormes l'entourèrent. Pour prévenir les conséquences désastreuses de la pression qu'ils
exerçaient sur le navire, l'équipage fut obligé

de travailler, pendant huit jours et huit nuits, sans interruption, à scier, afin de s'en dégager, la glace qui avait treize pieds d'épaisseur. Plusieurs navires mouillés à l'est furent assez heureux pour pouvoir gagner le large ; mais la *Wilhelmine* et vingt-sept autres bâtiments restèrent emprisonnés. Dix-sept parvinrent ensuite à traverser les glaces et à s'échapper.

Le 25 juillet, les glaçons qui entouraient la *Wilhelmine* commencèrent à se séparer, et laissèrent entre eux une espèce de passage que le capitaine voulut franchir. Il fit prendre le bâtiment à la remorque par les canots. Après avoir ramé constamment et péniblement pendant quatre jours, on rencontra un autre champ de glace qui barrait le chemin, et l'on fut de nouveau renfermé comme dans un petit bassin. La *Wilhelmine* y trouva quatre bâtiments qui y étaient arrivés, au prix de mille dangers, mais qui n'avaient guère l'espoir d'en sortir.

L'équipage de la *Wilhelmine* était alarmé de la position de ce navire. Le vent du nord le poussant toujours plus au sud, il arriva en vue de la terre de Gale Hanken par 75° de latitude nord et 7° 5' de longitude est. La glace ne présentant aucune issue, le capitaine se détermina à diminuer la ration de chaque homme. Le 1ᵉʳ août, un fort coup de vent poussa les glaces avec tant de violence contre les flancs du navire, que l'équipage, s'attendant à périr, osait à peine prendre, par intervalles, les courts moments de repos que ses fatigues lui rendaient indispensables. Le 16, arrivèrent quatre nouveaux bâtiments, dans un état non moins critique. Le 19, il s'éleva une tempête horrible; les glaçons s'amoncelaient autour de tous les navires avec une véritable furie et leur causaient de graves avaries. Bien que presque entièrement fracassée à cinq ou six pieds au-dessus de la flottaison, la *Wilhelmine* pouvait encore se tenir sur l'eau.

Le 20, sa perte sembla inévitable. Un ouragan, non moins terrible que celui de la veille, souffla du même point de l'horizon et maltraita considérablement ceux des navires qui avaient été épargnés jusque-là. Il y en eut un, de Hambourg, qui fut brisé, et la glace continua à s'amonceler jusqu'à vingt-quatre pieds de hauteur autour des autres. La *Wilhelmine*, après avoir perdu ses deux canots, une ancre et une partie de son grément, fut poussée contre un autre navire de Sardam, commandé par Claas-Jansz Castricum. Sa quille ne tarda pas à être soulevée au-dessus de la glace. Deux des cinq vaisseaux arrivés les premiers dans ces parages étaient déjà perdus; celui de Castricum avait plusieurs voies d'eau ; les deux autres n'avaient pas encore essuyé de graves avaries. On répartit entre eux les équipages des autres bâtiments, et l'on y transporta aussi toutes les provisions, ainsi que les effets qu'on put sauver le lendemain.

Le 25, les trois vaisseaux restants furent enserrés par les glaces. Les capitaines dépêchèrent douze hommes aux quatre autres vaisseaux qu'ils voyaient, à quelque distance, dans la même position. Ils apprirent, au retour de ces hommes, que deux des bâtiments avaient été écrasés par la pression des glaces ; que les deux autres étaient dans l'état le plus déplorable, et que deux bâtiments hambourgeois, un peu éloignés, avaient péri de la même manière que les deux premiers.

Quoique les bâtiments parussent immobiles au milieu des monceaux de glace qui les cernaient, ils avaient cependant dérivé sous le vent ; le 30 août, ils aperçurent l'Islande. Deux jours après, il y eut une partie des glaces en mouvement ; deux des capitaines en profitèrent probablement pour gagner la mer libre, car, quatre jours après, on les perdit de vue. Bien que la *Wilhelmine* fût à tout moment menacée de destruction, elle en fut néanmoins préservée jusqu'au 13 septembre. Ce jour-là, une montagne de glace se précipita soudainement sur elle, avec un fracas prodigieux, et brisa tout ce qu'elle rencontra. Cette catastrophe fut si subite, que les matelots qui étaient dans leurs lits n'eurent pas le temps de se vêtir et furent obligés d'aller, dans un état presque complet de nudité, se réfugier sur les glaces voisines. Ils eurent beaucoup de peine à sauver quelques provisions, car le navire fut comme coupé à dix pieds environ au-dessus de la surface de l'eau, puis entièrement détruit et enseveli sous une avalanche de glaces. Six jours auparavant, un autre bâtiment avait sombré de la même manière. L'équipage n'avait eu pour asile que le navire du capitaine Castricum, dont on avait, après bien des difficultés, réussi à boucher les voies d'eau, et qui, cette opération terminée, était en assez bon état.

Les matelots de la *Wilhelmine* se mirent en route sur les glaces pour y chercher aussi un asile ; mais la glace n'était pas encore solide ; les fentes et les crevasses qui s'ouvraient, à chaque instant, sous les pas de ces malheureux, leur firent courir le risque d'un nouveau naufrage, et les mirent dans la nécessité de retourner sur leurs pas. Ils se décidèrent alors à dresser une tente sur la partie de la glace qui présentait le plus de solidité, et afin de se pré-

server, autant que possible, de l'excès du froid,
ils allumèrent du feu avec le débris du navire,
espérant par là rendre plus supportable leur
situation précaire. Cependant un inconvénient,
facile à prévoir, vint les troubler dans leur misérable asile ; la chaleur du feu fit fondre la
glace, et la tente fut remplie d'eau, ce qui les
obligea à creuser des trous de distance en distance pour qu'elle pût s'écouler, sans quoi ils
eussent été dans la nécessité de changer trop
souvent de campement. Un peu de repos dont
ils jouirent dans la nuit ranima leur courage.
Le lendemain, ils redoublèrent d'efforts pour
arriver au navire de Castricum. Une flamme
flottant à son grand mât indiquait qu'il était
dégagé des glaces ; cette vue, on le conçoit,
excita en eux un surcroît d'ardeur.

Les trois capitaines naufragés se mirent en
route à la tête de leurs équipages. Le voyage
qu'ils allaient entreprendre était bien périlleux ;
car, tant qu'il dura, ils furent obligés de sauter
d'un glaçon sur un autre ; et chaque fois, ils
étaient exposés à être engloutis.

Le 1er octobre, ils croyaient être au terme de
leurs souffrances ; mais, ô cruel contre-temps !
le bâtiment, porté à une distance considérable,
avait éprouvé de graves avaries, et, à tout
moment, il était en danger d'être écrasé par la

pression des glaces ; néanmoins, ils eurent le bonheur d'y arriver. A peine y étaient-ils qu'ils furent rejoints par cinquante hommes du navire hambourgeois, naufragé le 30 septembre. Le harponneur et douze matelots s'étaient noyés en essayant de gagner l'Islande sur des épaves.

Autant que ces infortunés purent le conjecturer, ils étaient alors par 64° de latitude nord. Un nouveau malheur ajouta à leur désespoir. Les provisions qui restaient à bord du bâtiment de Castricum étaient en trop petite quantité pour ceux qui y avaient cherché un refuge ; elles furent bientôt épuisées. Ils n'avaient donc échappé au naufrage que pour subir toutes les horreurs de la famine. Réduits d'abord à se nourrir des morceaux de chair restés adhérents aux ossements de baleines, ils mangèrent ensuite les chiens des bâtiments perdus. Pour apaiser leur soif, ils burent de l'eau de neige dans laquelle ils faisaient infuser des copeaux. Ils attendaient la mort, comme terme de leurs maux, lorsque le bâtiment, qui dérivait toujours vers la côte, se trouva à une distance de cinq ou six milles de terre. Plusieurs matelots essayèrent inutilement de s'y rendre ; ils parvinrent seulement à gagner une île déserte où ils cueillirent quelques baies noires, et où ils furent obligés de rester.

Le 10 octobre, il s'éleva une tempête qui, pendant plusieurs heures, menaça le bâtiment d'une destruction incessante ; toutefois l'équipage réussit, ce jour-là, à le sauver ; mais le lendemain, des glaçons énormes l'écrasèrent et l'ensevelirent sous leur masse. Cette catastrophe fut si soudaine, que les hommes qui étaient à bord ne purent rien emporter pour faire du feu ; ils n'eurent que le temps de rassembler quelques voiles et onze canots. Vaines précautions ! Il leur fallut, au plus tôt, chercher un salut dans la fuite, en sautant d'un glaçon sur un autre pour trouver un endroit étendu et assez solide qui pût les contenir tous.

L'état déplorable de ces infortunés ne peut se décrire. Exposés au froid le plus rigoureux sur une île immense qui pouvait, à chaque instant, se briser en mille pièces et les engloutir, ils étaient en outre presque entièrement dépourvus d'aliments et de vêtements, et n'avaient d'autre perspective que celle de mourir de froid et de faim, ou d'être ensevelis sous des monceaux de glace. Mais, comme ce n'est qu'à la dernière extrémité que l'homme perd toute espérance, ils redoublèrent d'efforts pour prolonger leur existence, et, au moyen des voiles qu'ils avaient sauvées, ils se firent deux tentes, et y attendirent patiemment la volonté de la Providence jusqu'au 13 octobre, jour où la glace qui les supportait allant continuellement à la dérive, leur mort devint de plus en plus imminente. Alors deux cent cinquante hommes résolurent d'entreprendre un autre voyage pour gagner la terre ferme ; trente-six autres, qui regardaient comme impossible le succès de cette tentative, restèrent sur les glaces. Ceux qui s'aventurèrent, divisés d'opinions sur la route à tenir, se séparèrent en plusieurs groupes. Trois des capitaines, suivis de quarante matelots, partirent le 13 octobre. Chacun avait treize biscuits pour toute provision. Après un court mais bien rude voyage, ils abordèrent sur le rivage d'une île où ils passèrent la nuit. Le lendemain, ils s'abandonnèrent à l'espoir trompeur de parvenir au continent ; mais ils ne rencontrèrent qu'un immense marais flottant qui en était séparé par un certain intervalle. Ils éprouvèrent une grande surprise en apercevant des habitants. Heureusement quelques-uns des marins comprenaient leur langage ; on implora leur assistance. Ces insulaires, qu'ils croyaient inhospitaliers, s'empressèrent de les transporter, en pirogues, à leurs huttes où ils leur firent manger du poisson desséché, de la chair de phoque et des végétaux. Quelques jours après, ne voulant pas abuser de cette hospitalité, ils se remirent en route avec l'espoir de trouver quelque colonie danoise. Dans ce nouveau voyage, non moins pénible que le précédent, ils traversèrent, tantôt bien accueillis, tantôt assez maltraités, diverses tribus de Groënlandais. Une petite mousse râclée sur des rochers couverts de neiges et la chair crue, soit de leurs chiens, soit de ceux qu'ils prirent, formèrent bien souvent leur unique aliment. Enfin, après des accidents et des fatigues sans nombre, ils arrivèrent, le 13 mars, à Fredrickshaab, port et établissement danois, où ils furent traités avec non moins de bienveillance que de générosité. Ils y restèrent tout le temps qu'exigea le rétablissement de leur santé, et s'embarquèrent ensuite pour la Hollande.

Les capitaines Castricum et Broerties, ainsi que les naufragés qui avaient fait route au nord, atteignirent de même, sans accident, le port de Fredericksted, à l'exception de Broerties qui mourut en chemin. Leurs compagnons d'infortune, qui n'avaient pas pu se décider à les suivre, avaient gardé un canot et une petite quantité de vivres. La masse de glace sur laquelle ils étaient restés dériva vers Staaten-Huck, cap situé vers l'extrémité sud du Groënland, un peu au N.-O. du cap Farewell. Elle ne put les supporter bien longtemps, parce que les mouvements de la mer, devenue houleuse, en diminuait graduellement l'épaisseur. Ils n'auraient pas tardé à être engloutis si le vent, qui avait fort heureusement sauté au N.-O., ne les avait poussés à terre. Le 6 octobre, ils trouvèrent un canot que Castricum avait abandonné, et où il y avait un homme qui, hors d'état d'accompagner ses camarades, attendait la mort. Le même jour, ils furent rejoints par deux autres de leurs camarades qui avaient été laissés en arrière et obligés d'abandonner un vieillard sur l'extrémité d'un glaçon où vraisemblablement il succomba. Tous s'embarquèrent et furent longtemps le jouet des flots avant de pouvoir atteindre le Groënland. Ils y reçurent une généreuse hospitalité des habitants du pays qui partagèrent avec eux leurs chétives provisions, et ils finirent par arriver à un établissement danois qui n'était pas mieux approvisionné, mais qui leur fit pourtant le même accueil. A Holstemborg, par 67° de latitude, ils apprirent qu'un vaisseau danois, mouillé à deux milles du rivage, devait hiverner en cet endroit et faire la pêche, au printemps suivant, avant de retourner en Danemark. On leur donna de l'emploi à bord, et après un voyage heureux, ils obtinrent leur passage pour la Hollande.

Les équipages des navires brisés par les glaces se montaient à quatre cent cinquante hommes, dont cent quarante seulement purent être sauvés au prix des dangers et des souffrances dont il a été parlé dans cette relation.

NAUFRAGE

DU

STEAMER AMÉRICAIN *LE CENTRAL-AMERICA*

Le *Central-America*, magnifique steamer, construit à New-York en 1853, était commandé par le capitaine Herndon, officier d'un mérite éprouvé, lorsqu'il partit de la Havane, le 8 septembre 1857. Dans l'après-midi, il se déclara une forte brise d'ouest. Le lendemain matin, le vent devint plus fort et augmenta progressivement de violence. Dans la nuit du 9 au 10, il y eut une épouvantable tempête, et la pluie commença à tomber à torrents. La mer était affreuse et déferlait sur le navire avec furie.

Le 11, à 11 heures du matin, les officiers prévinrent les passagers qu'une voie d'eau s'était déclarée, et que l'eau entrait avec rapidité dans le navire. Les feux des fourneaux furent immédiatement éteints, et aussitôt on forma une chaîne pour tâcher de combattre les progrès de l'eau dans les chambres de la machine. On parvint à les dégager. On ralluma les feux, et le vapeur se remit en mouvement ; mais après quelques minutes de marche, la machine s'arrêta. On continua à pomper et à faire la chaîne, en employant, pour étancher le navire, les barils, les baquets et tout ce qu'on avait sous la main. Pendant la nuit, l'eau gagna sensiblement ; mais tout le monde travaillait avec ardeur, et l'on était soutenu par l'espoir que le lendemain on ferait la rencontre de quelque bâtiment qui sauverait l'équipage et les passagers.

Le 12, la tempête augmentait toujours et l'eau gagnait avec une rapidité effrayante, quoi qu'on n'eût pas cesser un instant de pomper. A 2 heures de l'après-midi, le vent tomba, et chacun reprit courage. A 4 heures, une voile fut hissée, le canon tiré et le pavillon mis à mi-mât. Ces signaux furent aperçus par un navire qui passait alors à trois milles, et qui se rapprocha du *Central-America*. C'était le brig *Marine*, de Boston. Le capitaine se décida à y envoyer les femmes et les enfants. Au moment de leur embarquement, il chargea le mécanicien en chef, Ashby, de surveiller les canots, deux pistolets à la main pour empêcher les hommes de s'y précipiter. Trois embarcations allèrent, à deux reprises, au *Marine*. M. Ashby demanda au capitaine de ce brig de se rapprocher du steamer, mais le *Marine* avait lui-même dans sa mâture des avaries qui y mirent obstacle. M. Ashby voulait faire un nouveau voyage; les matelots s'y refusèrent obstinément, alléguant qu'avant leur arrivée, le steamer aurait coulé. Un seul s'offrit à l'accompagner ; mais l'état de la mer ne permettait pas à deux hommes seuls de manœuvrer l'embarcation, force leur fut donc de rester.

A l'entrée de la nuit, le steamer découvrit un autre navire qui répondit à ses signaux, et s'approcha. Le capitaine Herndon lui exposa sa triste situation et le pria de lui envoyer une embarcation parce qu'il n'en avait plus. Le commandant du navire le lui promit; mais, à chaque instant, la mer l'éloignait du steamer et le brouillard devenait de plus en plus épais.

« A 7 heures, dit M. Henry H. Childs, l'un des passagers, nous vîmes avec effroi qu'il n'y avait plus de possibilité de demeurer à flot, et que nous n'attendrions pas, avant de sombrer, le lendemain matin. Au même moment, un coup de mer des plus violents s'abattit sur le navire et emporta une partie de l'avant. Tout espoir était perdu désormais.

« Chacun de nous assujettit sa ceinture de sauvetage ; nous lançâmes des fusées ; mais un nouveau coup de vent survint, et la navire s'enfonça. Je vis qu'à ce moment quatre cents ou cinq cents hommes furent précipités dans l'Océan à la merci des flots. Le vent était calmé et la tempête apaisée.

« Chacun de nous se rapprochait de ses amis, et nous nous donnions mutuellement courage. Pendant trois heures, je ne crois pas que personne ait péri; mais après ce temps, l'un après l'autre passait de ce monde à l'éternité.

« J'étais plein de confiance dans la Providence, et j'espérais que l'un des deux bâtiments qui nous avaient parlé mettrait des embarcations à la mer. Je fis donc des efforts imaginables pour me soutenir; néanmoins, à une heure du matin environ, je ne voyais plus personne autour de moi, et je commençai à perdre courage. Une heure après, j'aperçus un bâtiment à un mille de distance, et je nageai vers lui avec ardeur. Il me recueillit. Il y avait déjà trois de mes compagnons à bord. Le lendemain, à 9 heures du matin, nous étions quarante-neuf sauvés. »

A ce récit dramatique, nous ajouterons celui, non moins émouvant, d'un autre des survivants à cet horrible sinistre, M. Oliber P. Manlur :

« Immédiatement après avoir quitté la Havane, nous avons éprouvé un violent orage qui n'a fait qu'augmenter de force jusqu'à vendredi. Ce jour, dans l'après-midi, toutes les mains ont été employées à vider l'eau que faisait le navire, et nous avons continuellement travaillé à l'étancher avec des barils et des baquets pendant toute la nuit jusqu'à 2 heures de l'après-midi du 12, moment où nous avons aperçu le brig *Marine*. Immédiatement trois embarcations ont été mises à la mer, et les femmes, les enfants et le maître mécanicien ont été embarqués à bord du *Marine*, vers 6 heures du soir.

« Le brig était à environ un mille au large du steamer, et il était évident qu'avant que les embarcations fussent de retour, le steamer coulerait. Alors, les uns s'emparèrent des pièces de vergues, de bois, des chaises, des ceintures de sauvetage qu'ils trouvaient sous leurs mains, et les autres se précipitèrent dans les cabines pour sauver leurs trésors, et la confusion devint très grande, quoique chacun agit avec calme, cherchant à préserver sa vie.

« Le steamer s'inclina trois fois, et, à chaque inclinaison, des passagers se jetaient à la mer et nageaient, mais la majeure partie restaient sur le pont. Je m'étais muni d'une ceinture de sauvetage et d'une pièce de bois, déterminé à rester, comme tout le monde, jusqu'à ce que le navire sombrât ; chacun prenait tout ce qui pouvait le supporter sur l'eau ; le navire à la fin disparut sous l'eau, l'arrière en premier : dans ce moment, j'étais près de la cheminée.

« L'opinion générale est que nous avons coulé au moins à une profondeur de vingt pieds, et quand je suis remonté à la surface, j'étais suffoqué et presque mort. La rapidité avec laquelle j'étais entraîné dans l'abîme m'a fait lâcher la pièce de bois que je tenais, et m'a enlevé ma ceinture de sauvetage qui était autour de mon corps, et quand je me trouvai au-dessus de l'eau, j'étais dénué de tout vêtement. Cependant un de mes amis, qui avait deux ceintures, m'en a prêté une, et à l'aide d'une pièce de bois que nous avons pu saisir, nous nous sommes maintenus sur l'eau.

« Environ quatre cents passagers se débattaient autour de nous, la majeure partie ayant perdu leur ceinture et les autres se maintenant sur les débris du navire. Plusieurs personnes ont été tuées sur le coup par des pièces de bois, pendant que ces mêmes pièces de bois étaient pour d'autres un moyen de salut. Le maître d'équipage avait coupé toutes les pièces de dessus le pont, afin que, quand le navire sombrerait, les pièces de bois restassent sur l'eau ; mais elles ont coulé et n'ont remonté à la surface que par lambeaux.

« Les éclairs qui scintillaient dans l'air éclairaient une scène de luttes de la vie contre la mort ; chacun encourageait son camarade et lui faisait concevoir une espérance qu'il ne possédait pas lui-même, celle d'échapper à la mort. Nous étions d'abord une masse compacte, mais les vagues ne tardèrent pas nous disperser, et, à chaque éclair, je voyais notre nombre diminuer, et bientôt je restai seul sur l'Océan.

« Enfin, vers 10 heures, l'*Ellin* m'a recueilli, et j'ai vu avec joie que plusieurs de mes compagnons étaient à bord. »

Le naufrage terrible du *Central-America* abonde en épisodes caractéristiques.

Des vingt-huit enfants qui ont été sauvés, la plupart étaient de la première jeunesse. La femme de chambre du steamer était une négresse ; elle avait recueilli l'argent abandonné par les passagers, et l'avait enfermé dans un mouchoir roulé autour de son corps. Le poids de cet or a été cause de sa perte. Une dame, en quittant le navire, avait mis dans son sein un petit serin qu'elle a sauvé avec elle.

Voici un des plus horribles incidents. Un homme flottant seul au gré des flots aperçoit un de ses compagnons d'infortune soutenu par deux bouées de sauvetage. Son cœur bat ; il appelle, l'autre ne répond pas, mais approche de plus en plus. Une vague les jette l'un sur l'autre, ils se touchent ; le premier pousse un cri d'effroi. Il se trouvait en présence d'un cadavre. Son compagnon était mort de fatigue.

Rarement on avait vu autant d'or en la possession des passagers d'un steamer. Lorsqu'il fut devenu évident qu'il n'y avait plus d'espoir, on jeta pêle-mêle sur le pont, les bourses, les sacs d'or, les écrins. Un passager répandit 20,000 dollars, invitant tous ceux qui le voudraient à en prendre. Personne n'y toucha. Une heure avant, cet homme aurait tué quiconque aurait tenté d'approcher de son trésor.

Plusieurs passagers se mirent à boire des liqueurs fortes pour perdre la conscience de leur situation et devinrent bientôt très bruyants et très gênants.

Une dame suppliait le capitaine Herndon de laisser son mari descendre avec elle dans une embarcation. Il s'y refusa, en lui disant avec beaucoup de bienveillance, mais aussi avec beaucoup de fermeté, qu'aucun homme ne quitterait l'épave avant le départ de toutes les femmes. Lorsqu'elle descendit dans l'embarcation, son mari vint lui serrer la main et lui dire adieu. Il ajouta qu'il ferait tous ses efforts pour la revoir, mais qu'il ignorait s'il pourrait y réussir. En effet, elle ne l'a pas revu.

Il y avait sur le *Central-America* quatre cent quatre-vingt-douze passagers et cent un officiers et hommes d'équipage. Cent soixante-six personnes seulement furent sauvées. De ce nombre était M. Ange Richon, consul belge à Lima, et porteur de dépêches pour le gouvernement français ; il a perdu tout ce qu'il avait avec lui, à l'exception de quelques dépêches qu'il avait expédiées de Panama.

La perte du *Central-America* était le plus désastreux sinistre qu'eût essuyé la marine américaine si éprouvée depuis 1853. Le 25 décembre de cette année, le steamer *San-Francisco* avait péri dans des circonstances à peu près identiques à celles du *Central-America*, mais le nombre des victimes avait été moins considérable, quoi qu'on eût compté deux cents hommes noyés, dont cent cinquante soldats de l'armée américaine.

Bien que le *Central-America* ne fût pas assuré, et qu'il fût, avec sa cargaison, estimé 250,000 dollars (1,250,000 francs), cette perte n'était rien comparativement à celle des espèces qu'il y avait à bord. La perte totale était d'environ 2,275,000 dollars (11,575,000 francs) dont 1,600,000 dollars d'or en fret, 3,000,000 de dollars entre les mains des passagers, 125,000 dollars embarqués à la Havane et 250,000 dollars, valeur approximative du navire et des marchandises.

F I N

A CORRIGER

Le nom du premier lieutenant du *Saint-Géran* est souvent cité dans le récit du naufrage de ce vaisseau. Il avait, dans la première édition de ce livre, été orthographié *Malles* d'après les procès-verbaux constatant ce sinistre et publiés dans la deuxième partie, p. 159-175, des *Annales maritimes et coloniales* de 1822, où il est répété plus de vingt fois. Mais ce nom doit s'écrire *Mallet* d'après un compte rendu d'une édition de *Paul et Virginie*, inséré p. 481-486 de la *Revue de Bretagne et de Vendée* (t. XXII). M. Lucien Dubois, auteur de ce compte rendu, a fait relever les noms des officiers sur le rôle d'équipage du *Saint-Géran*. D'un autre côté, l'*Album de l'île de la Réunion* (3ᵉ volume) donne également l'orthographe *Mallet* dans son récit du naufrage de 1744. N'ayant connu l'article de la *Revue de Bretagne et de Vendée*, et celui de l'*Album* qu'au moment où se tirait la dernière feuille du présent volume, l'auteur n'a pu rectifier qu'ici l'erreur dans laquelle il avait été entraîné par les *Annales maritimes et coloniales*, publication à laquelle son caractère officiel lui avait semblé devoir assurer une exactitude incontestable.

————

Les mots : *Relation inédite de M. O. Troude,* qui terminent la note de la page 63 doivent être supprimés.

TABLE

BAR-SUR-AUBE, IMP. LEBOIS ET MOREL